课程思政

我们这样设计

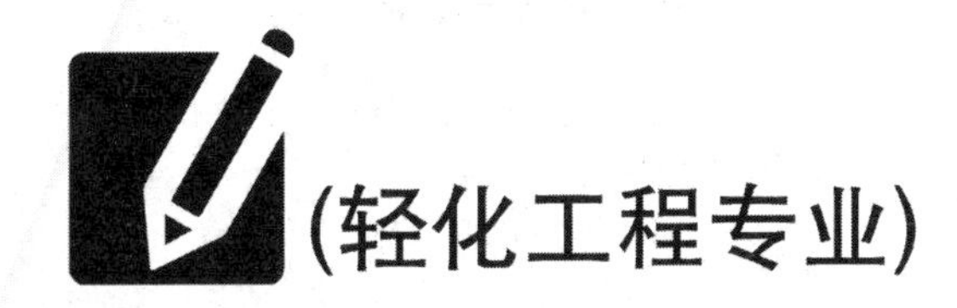

（轻化工程专业）

刘　玉　孔凡功｜主　编
吉兴香　陈洪雷｜副主编

清华大学出版社
北　京

内容简介

为贯彻落实立德树人的教育理念，践行习近平总书记“把思想政治工作贯穿教育教学全过程”的教育方略，齐鲁工业大学轻化工程专业通过实施德融课堂，引导专业教师深入挖掘专业课程中的思政元素，将思政教育有机融入专业案例。在实施德融课堂的过程中，涌现出大批课程思政教学案例，本书从中选出部分课程案例集结成册，涉及制浆、造纸、皮革、环境控制、生物质利用等专业课程，所有课程均以学科专业为依托，用科学的方式、充实的德育内容，展示具有轻化工程专业特色的“课程思政”教学设计，将育人理念内化到课程内容、教学方法和考核评价中。

本书可作为高校专业教师将思想政治教育融入课堂的参考书。

图书在版编目(CIP)数据

课程思政. 我们这样设计，轻化工程专业 / 刘玉，孔凡功主编. —北京：清华大学出版社，2021.12

ISBN 978-7-302-59670-7

Ⅰ. ①课… Ⅱ. ①刘… ②孔… Ⅲ. ①思想政治教育—教学设计—教案(教育)—高等学校 Ⅳ. ①G641

中国版本图书馆 CIP 数据核字(2021)第 255114 号

责任编辑：高　屾
装帧设计：孔祥峰
责任校对：马遥遥
责任印制：宋　林

出版发行：清华大学出版社
网　　址：http://www.tup.com.cn，http://www.wqbook.com
地　　址：北京清华大学学研大厦 A 座　　**邮　　编**：100084
社 总 机：010-62770175　　**邮　　购**：010-62786544
投稿与读者服务：010-62776969，c-service@tup.tsinghua.edu.cn
质 量 反 馈：010-62772015，zhiliang@tup.tsinghua.edu.cn
印 装 者：保定市中画美凯印刷有限公司
经　　销：全国新华书店
开　　本：170mm×240mm　　印　　张：12.75　　字　　数：128 千字
版　　次：2022 年 1 月第 1 版　　印　　次：2022 年 1 月第 1 次印刷
定　　价：58.00 元

产品编号：095057-01

前　　言

中国特色社会主义进入新时代，当代青年学生承载着实现中华民族伟大复兴的重任。在如今开放的社会环境中，多元社会思潮交织并存、相互碰撞；与此同时，青年学生正处于世界观、人生观、价值观形成的重要时期，对多元社会思潮尚缺乏客观、科学的认识，单靠思政课程建设难以实现大学生的价值观教育和引导。因此，新形势下高校有责任引导学生铸就坚定的理想信念、锤炼高尚的品德，将思想政治教育贯穿人才培养全过程，以思想引领和凝聚青年力量，强化青年学生的文明素养、社会责任意识及实践本领，培养德智体美劳全面发展的社会主义建设者和接班人。

党的十八大报告首次提出“把立德树人作为教育的根本任务”。习近平总书记强调高校立身之本在于立德树人，要坚持把立德树人作为中心环节，把思想政治工作贯穿教育教学全过程，实现全员全程全方位育人，努力开创我国高等教育事业发展新局面，要把立德树人的成效作为检验学校一切工作的根本标准。作为高校，应发挥专业教师课程育人的主体作用，使各类课程与思想政治理论课同向同行，让课程承载思政、思政寓于课程，探索建设专业特色鲜明的课程思政体系，创新合力育人模式。

为贯彻党的教育方针，将课程思政建设落到实处，山东省高等学校课程思政研究中心于 2019 年落户齐鲁工业大学(山东省科学院)，组织开展全省课程思政的研究与实践活动。自 2015 年学校开展 “德融课堂”工作以来，轻化工程专业成立了专门工作小组，将 “德融课堂”与“教风、学风、院风”建设相结合，明确所有课程的育人责任，以立德树人为核心进行教学设计，推动专业教师根据课程的基本情况，优化教学内容，授课过程中融入丰富的德育元素，通过教学相长提高师生的品德修养。轻化工程专业在实施德融课堂的过程中，涌现出一批课程思政教学案例。本书精选了部分优秀的教学设计汇编成册，内容涉及制浆、造纸、皮革、环境控制、生物质利用等专业课程，可为投身相近学科专业课程思政建设的教育工作者提供借鉴和参考。

参与本书编写的老师有：杨桂花(造纸植物资源化学)、王强(制浆原理与工程)、宋兆萍(造纸原理与工程)、李荣刚(制浆造纸机械与设备)、李宗全(制浆造纸生物技术)、于冬梅(加工纸与特种纸)、姜亦飞(制浆造纸分析与检测)、王慧丽(制浆造纸助剂)、陈晓倩(生物质能与生物质综合利用)、林兆云(生物质资源化利用技术)、齐乐天(高分子化学与物理)、李国栋(水处理工程)、谢晓凤(制浆造纸环境保护概论)、付丽红(皮革整饰化学与工艺学)、曹珊(鞣制化学与工艺学)、田荟琳(皮革方向专业综合实验)、刘东磊(毛皮工艺学)、朱洪霞(皮革化学材料学)、王鑫(制革污染治理)，排名不分先后。

本书能够顺利出版得力于山东省教育厅和齐鲁工业大学(山东省科学院)领导的大力支持，得力于各位教师的辛勤付出，以及清华大学出版社的大力支持，在此一并表示诚挚的谢意。

编者

2021 年 9 月

目　　录

造纸植物资源化学

杨桂花

一、课程基本情况

“造纸植物资源化学”是轻化工程专业(制浆造纸工程方向)的专业基础必修课，共64学时，4学分，在大学二年级下学期开设。本课程与传统的课程“植物纤维化学”及“纤维化学与物理”相比，基础性突出，适应的专业方向宽广，适合基本没有专业知识的大学二年级学生学习。

与本课程有密切关系的先修课程包括“无机及分析化学”“有机化学”“物理化学”“化工原理”和“高分子化学与物理”。本课程以“有机化学”为基础，重点突出植物资源中纤维素、半纤维素、木素、抽出物、淀粉和植物胶等与造纸有关的有机化学反应机理，包括氧化反应、水解反应、亲核反应、亲电反应等基本有机反应，为后续学习制浆造纸工艺奠定牢固的理论基础。本课程还与“无机及分析化学”“物理化学”和“高分子化学与物理”有密切关系，尤其是本课程中的有关纤维素、半纤维素、木素等天然高分子的聚合机理、物理性质和表面性能及分析方法等需要上述课程为基础。

课程旨在使学生系统地掌握造纸植物纤维的来源、纤维形态、化学结构、物理性能以及反应性能，了解植物资源中不同化学组分的用途、相互之间的连接方式及作用机理，为后续学生学习“制浆原理与工程”“造纸原理与工程”“加工纸与特种纸”等相关专业课程提供理论指导和奠定牢固的专业基础。通过本课程的学习，可以提高学生的专业课学习兴趣，使学生能够独立开展相关内容的实验探索与研究工作。

二、德融教学设计及内容

(一) 基于“德智双学分制”建设，落实立德树人根本任务

传统工科专业的升级改造需要加强社会主义核心价值观教育，培养德智体美劳全面发展的社会主义建设者和接班人。在完善“德智双学分制”建设的基础上，提高教师思想觉悟，坚决贯彻“德融课堂”工作，提高人才培养质量。

1. 完善“德智双学分制”建设

工科专业设有“德育”和“智育”两个学分体系。“德育”学分由基础性学分和提升性学分两部分构成，基础性学分对应基础课程和教育活动，提升性学分对应以实践为主的培养和评价项目。课程着重培养学生的思想道德、意志品质、人文素养等。“智育”学分对应通识教育课程、专业基础课程、专业课程，课程着力提高学生的专业素质、创新精神和实践能力。

2. 提升教师自身品德修养

教师应积极参加校内外组织开展的师德师风建设活动，向教师身边的师德榜样学习，阅读相关教师道德修养书籍，进一步端正自身的言行举止，提高品德修养；通过参加教学研究和科学研究活动，增进不同课程教师之间的思想交流；通过举行一系列说课和听课活动，提高教师的师德修养。

3. 贯彻实施“德融课堂”工作

“德融课堂”工作主要包括以下三个方面内容：挖掘、提炼专业课程和教学过程中的德育元素，将品德教育融入课堂；通过传统文化涵养学生品性和修养；培养学生求真向善、执着探索的科学精神。本课程通过讲解造纸植物资源中三大主要组分纤维素、半纤维素和木素的物理化学性质及其相互关联性，强化求真和执着在科学研究中的重要性。

(二) 基于服务社会经济建设，更新教学内容

专业教师不仅为行业提供人才支撑和技术支持，而且还要积极参与行业的转型升级，服务于社会经济建设，同时提高课程创新和培育人才的能力。

1. 提升教师教育理念

通过服务地方经济建设，使教师和学生从绝对质量观转变到相对质量观、从一元质量观转变到多元质量观；教师树立以学生为中心的教育理念，充分彰显学生的个性，以促进学生的全面发展；树立课程教学市场观念，以满足社会需求，以服务求支持；教学与科研相互结合、相互促进，培养学生的科研创新意识。

2. 提升人才培养质量

以加强创新精神和实践能力培养为目的，通过课堂教学内容讲解及课下科研项目实践，提高学生的综合素质，使学生在专业基础与认知、专业基础与技能、综合训练及创新等层面得到实践能力培养，实现课内实践和课外实践、理论教学与实践教学、实践教学与科研生产相结合，进一步提高学生的实践能力，更好地服务于社会。

3. 更新课程教学内容

通过增加课堂讨论课时，引入反映国内外行业技术发展和学科交叉的教学内容，使行业生产技术及科研院所的科学研究内容等能快速及时地呈现在学生面前，更新课程教学内容，解决好共性培养与个性培养的问题。通过鼓励学生参加国内外知名企业家和科研人员的课题研究和学术报告活动，拓宽文化视野。

(三) 德融教学内容

本课程的德融教学设计和内容如表 1-1 所示。

表 1-1　德融教学设计和内容

章节	知识点	思政元素	实现方式
第一章 造纸植物资源概论	造纸植物资源的来源、化学构成、化学组成、纤维形态；纤维素、半纤维素和木素是造纸植物资源的主要组分	可再生植物纤维可用于制备酒精、颗粒燃料等替代化石燃料，减轻环境污染负荷，通过学习造纸植物资源概论，让学生充分理解国家提倡发展清洁能源和绿色经济的政策	图片教学，视频教学，实物立体化教学
第二章 纤维素化学	纤维素的结晶机制、纤维素的物理性质、化学性质和反应性能，纤维素的功能化应用	植物中的纤维素不仅可用于制浆造纸，还可用于制备功能材料，如液晶显示屏、涂料等，通过学习纤维素化学，激发学生的学习兴趣，有利于学生立志报效祖国	视频教学，讨论式教学，翻转课堂，科研实践教学

（续表）

章节	知识点	思政元素	实现方式
第三章 半纤维素化学	半纤维素的定义、分析方法、结构、反应机理和应用；半纤维素的分类、化学性质	半纤维素由多种糖基组成，每种糖基可用于生产不同功能的糖，通过学习半纤维素化学，让学生理解同学之间的性格差异性，增强学生的团队合作意识	讨论式教学，科研实践教学，实物立体化教学
第四章 木素化学	木素的基本结构单元、提取和分析方法；木素的化学结构及化学性质；木素的反应特性	木素对植物有支撑和保护作用，通过学习木素的化学特性，使学生认识到个人需要有家国情怀，需要坚持社会主义核心价值观，形成正确的人生观	图片教学，讨论式教学，翻转课堂，科研实践教学
第五章 抽出物化学	植物纤维中抽出物的存在状态和化学组成；抽出物在酸法制浆和碱法制浆造纸过程中的变化	抽出物是植物中的少量组分，但会对制浆造纸产生影响，通过学习抽出物化学，使学生认识到生活中包容的重要性，培养学生的共性与个性	图片教学，讨论式教学，科研实践教学
第六章 淀粉化学	淀粉的基本结构、物理性质、化学性质；淀粉的化学结构和反应性能；淀粉在造纸工业中的应用	淀粉可通过光合作用积累能量，并以多糖形式成为植物和人类的营养组分，通过学习淀粉化学，使学生认识到学习科学知识的重要性，有利于培养学生的智性思维	图片教学，科研实践教学，实物立体化教学
第七章 植物胶化学	植物胶的化学结构、化学性质、反应性能	植物胶是树干渗出的胶质物质，通过学习植物胶化学，使学生理解自然界中植物和人类的多样性和共存性，有利于学生树立正确的人生观、价值观和世界观	图片教学，讨论式教学，实物立体化教学

三、教学方法及手段

(一) 启发互动式教学

采用启发式、互动式、案例式教学方法，使学生在课堂讨论时通过自己讲解和梳理一部分难解的问题，进一步巩固学到的知识，有效激发学生的学习热情和学习兴趣。通过习题讨论，总结、归纳、巩固重点内容，使学生进一步理解掌握植物资源的基本构成和物理化学性质，各组成之间的形态结构差异，植物纤维资源主要化学组成的区别，纤维素化学结构特点，木素的化学反应性能对植物纤维原料的制浆和漂白性能的影响，烧碱法制浆和硫酸盐法制浆时脱木素反应的异同点；熟练掌握纤维素、半纤维素、木素、淀粉和植物胶的化学反应性能。

(二) 立体化教学

引进和吸收反映时代发展和科学研究前沿性的知识，调整课程教学内容，使学生学到先进、系统的轻化工程专业知识。在教学实践中，课程教师结合本专业教学的特点，借助多媒体教学手段和立体教学环境，将课程中的原料、原料结构、半成品、成品、设备、检测仪器、生产过程等通过实物、图片和视频的形式展示给学生，同时观看国内外先进大型企业生产过程的录像，让学生置身于专业生产流程的实物中，立体直观地学习专业知识，引导学生在“动”

中学习，提高学生的学习兴趣和学习效率。

(三) 国际化教学

鼓励学生积极参加国内外知名大学的教授和企业的高级专家来校进行的学术报告活动，课堂教学内容中及时补充国内外制浆造纸行业中出现的新技术、新设备和新产品。结合本课程特点，提供与课程相关的各种学习资料，吸收和选择一些国内外大学相关专业的经典教材、期刊让学生进行课下学习、讨论和自学，培养学生的学习兴趣，提高学生的学习效率，使学生掌握更多的专业知识和科技研发信息，拓宽学生的专业研究领域，开阔学生的国际视野，有利于学生树立正确的人生观、价值观和世界观。

(四) 校企一体化教学

在培养学生动手能力和创新能力方面，可通过让学生参加与本课程教学内容相关的课题研究和校企联合技术研发来实施。同时，通过让学生参加“就业创业见习基地”的实践活动，体现企业文化对学生培养的重要性。通过教师与企业的合作交流来引入企业优质资源，以校企合作的形式联合培养学生坚韧、扎实、执着的职场品性，使学生能够尽快地了解和适应社会，有效地提高学生的培养质量。鼓励学生课外与大型骨干企业的相关专业技术人员进行交流，使学生能够尽快地将所学植物纤维组分物理化学理论知识与实际生产相结合，从而使专业知识更加牢固。

(五) 科教融合式教学

轻化工程专业与校内外研究机构密切合作，可以体现科研的育人功能。通过科教融合来推动教学内容的更新，高水平的科研可以使教师和科研人员站在学科发展的前沿，通过把最新学科信息或最新研究成果转化为教学内容融入课程教学中，从而使教学内容得到更新、深化和丰富。教学科研人员利用科研经费添置的仪器设备，可以提高实验室的科研实力。同时，轻化工程专业拥有的国家重点实验室等高水平科研平台面向本科生开放,可进一步改善教学条件,从而实现资源效益的最大化，提升学生的实习水平，增强学生的实践能力，使学生更富有创新精神。

(六) 综合性考核方式

以期末考试成绩和平时考核成绩相结合综合评定课程成绩。平时考核成绩为40%，期末考试成绩为60%。期末考试采取闭卷考试形式，平时考核成绩包括课堂讨论、课堂报告表现、课堂问题回答、课后作业、资料查询和参与研究课题情况。通过采用多形式、多阶段、多层次的考核评价，兼顾学生的共性和个性发展，有效调动学生学习的积极性和主动性，巩固学生所学的植物纤维资源专业知识，进而有利于培养学生诚实、自信、认真、扎实、创新的品性，同时将德智育人理念融于课程教学评价过程,进一步提高学生的培养质量。

四、教学效果

课程教学内容得到了及时更新补充，教学方法上突出了活跃、兴趣和感性认识。在教学中，通过编著教材、制作动态课件、生产教学录像、组建立体教学实验室、观摩国外原版课程、邀请国内外知名大学的教授和企业专家来学校做学术和技术报告，使学生通过视听感受和实物观摩，对植物纤维资源主要化学组成的反应特性、功能化应用、新工艺和行业前沿性问题有较为直观的感性认识，提高学生的学习兴趣和学习效率，使学生具备扎实的理论基础知识，同时开阔学生的国际视野，为学生就业或继续深造奠定牢固的基础。学生的考研率、出国率、就业率、奖学金得奖人次、各种素质奖得奖人次，均呈现逐年上升的趋势，达到了培养卓越人才的预期计划目标。通过引入企业优质教学资源，培养学生坚韧、扎实、执着的职场品性，使学生能够尽快地了解和适应社会，使学生对自己的人生规划、价值观形成、海外学习，以及将来就业有更深层次的思考和更清晰的认识，提高学生的培养质量，为后续学生就业和继续深造奠定牢固的基础。

制浆原理与工程

王强

一、课程基本情况

“制浆原理与工程”是轻化工程专业(制浆造纸工程方向)的专业基础必修课，共 64 学时，4 学分，在大学三年级上学期开设。

本课程的教学目标分为三部分，分别是知识目标、能力目标和素质目标。

【知识目标】掌握制浆技术的现状及发展趋势，制浆原料的备料过程，各种制浆技术的概念、原理，现代制浆方法的基本流程及设备，纸浆漂白的发展历史，不同漂剂的反应原理、漂白工艺参数的制定，现代清洁漂白技术及工艺流程，制浆废液和固体废弃物的回收利用，制浆过程的节能降耗等。

【能力目标】掌握制浆的生产过程与理论知识，了解国内外制浆科学技术的新进展，培养学生分析和解决制浆工程中实际问题的能力，以及根据生产实际要求设计合适的流程和工艺的能力，为从事制浆造纸科学技术工作打下坚实的基础。

【素质目标】培养学生灵活运用制浆原理知识的能力，并使其具备科学思维和研究的能力。在课程教学设计和课堂讲授过程中，教师结合知识点，融入做人做事的道理，通过讲解德育故事或生活案例等手段，实现润物无声的效果，把立德树人的根本任务做细做实。

二、德融教学设计及内容

习近平总书记强调“思想政治理论课是落实立德树人根本任务的关键课程”，挖掘其他课程和教学方式中蕴含的思想政治教育资源，实现全员全程全方位育人。大学阶段是大学生道德学习和道德建设的重要时期，也是养成道德观念和道德行为的关键时期。大学生是实现科教兴国战略的重要力量之一，他们的思想道德状况如何，关系到中华民族的伟大复兴。

在制浆原理与工程的教学过程中，我们充分挖掘提炼课程知识体系和教学过程中的德育知识，在进行专业知识教育的同时，注重将德育教育自然融入教学；将品德教育融入教学，着力培养学生爱国、爱党、爱人民、爱集体的道德情操；通过传统文化涵养学生品性，加强自身修养；引导学生求真向善，养成执着探索的科学精神。

具体实施时，我们在教学设计和课堂讲授中运用网络辅助教学，坚持立德树人的教学理念，在课堂上采用案例探究、情景启发等教学形式，在课外采用网络学习、课后作业等方式，结合知识点，融入做人做事的道理。通过讲解德育故事和生活案例，使学生对国家政策、制度有更加深刻的认识，培养学生正确的世界观、人生观、价值观，扎实推进立德树人的教学目标。

根据本课程的教学内容，围绕课程目标融入德育元素，使学生在学习专业知识的同时，完成道德教育的洗礼。

本课程的德融教学设计和内容如表 2-1 所示。

表 2-1 德融教学设计和内容

章节	知识点	思政元素	实现方式
第一章 绪论	造纸术的发展历史。造纸术是我国古代劳动人民智慧的结晶，是对全世界人类最伟大的贡献之一，为保存和传播文化知识提供了重要的载体	美国麦克·哈特颇具影响力的著作《影响人类历史进程的 100 名人排行榜》中，蔡伦排在第 6 位，在中国上榜名人中仅次于孔子，甚至排在佛教创始人释迦牟尼之前。在技术专家中排第一，在科技领域，其排名仅次于大科学家牛顿。至于，大家很熟悉的爱迪生，也只排名第 38 位。由此引申出中华民族为世界文明所做的巨大贡献，提升学生的民族文化自信，激发学生热爱祖国、热爱人民的情怀，激励学生为中华民族的伟大复兴而不懈奋斗	我国古代造纸流程的图片展示，现代造纸流程的视频播放

(续表)

章节	知识点	思政元素	实现方式
第二章 备料	非木材原料的备料。 发达国家几乎全部使用木材制浆，而我国木材资源储量不足，为满足社会需求与发展，造纸人开发了多种非木材原料（如稻麦草、竹子、芦苇、蔗渣等）制浆	通过让学生了解我国的造纸纤维资源结构，引申出勤俭节约是我国的传统美德，虽然现代社会物质极大丰富，但仍需保持勤俭节约的好习惯，提高社会资源的使用效益	不同种类纤维原料的实物样品展示，纤维微观结构的图片展示，纤维种类差别及特性讨论
第三章 化学法 制浆	化学法制浆原理。 化学药剂在特定条件下处理植物纤维原料，通过脱除绝大部分木素，使得纤维彼此分离成纸浆	纤维素是由葡萄糖结构单元组成的线性大分子，经过高温高压蒸煮后才可用于生产高强度纸张。以此激励学生要“心无旁骛、一心向学”，也懂得只有经过千锤百炼，才能成为社会的栋梁之材，实现人生理想	蒸煮过程中纤维物理化学结构变化的图片展示，结合科研实践的理论教学
第四章 高得率 制浆	高得率制浆机理。 制浆特征是生产中涉及机械处理过程的制浆方法	高得率制浆由于保留了绝大部分的木素组分，所以纤维结合强度差，成纸强度低。但是高得率浆的松厚度高、不透明度好、吸墨性好，可广泛用于新闻纸、纸板等纸种。引申到社会生活中，说明“众人皆有所长，亦有所短”“取人之长，补己之短”是人生大智慧。鼓励学生要辩证地分析问题，深刻认识个人发展过程中的优势和不足，在职场中扬长避短，提升个人价值	纤维在机械磨解过程中形态变化的图片展示，不同机械制浆过程中纤维物理化学结构变化的讨论

(续表)

章节	知识点	思政元素	实现方式
第五章纸浆的洗涤、筛选与净化	多段逆流洗涤。 洗涤的目的是除掉各种杂质，将蒸煮分离的纸浆纤维提取出来。多段逆流洗涤是在控制设备投资和动力消耗的前提下，筛选出尽可能多的良纤维的方法	联想到家长在家洗衣服时，如何能用最少的水将衣服漂洗得更干净。引申出学生要时刻保持感恩的心，爱国、爱家、爱父母，多与家长沟通交流	浆料洗涤过程的图片展示，结合日常生活常识的理论教学
第六章废纸制浆	废纸回用的意义。 废纸是重要的可再生资源，废纸回收利用可以解决造纸工业原料短缺、能源紧张和污染严重等问题	引申出节约资源，保护环境，垃圾分类，从我做起。培养学生要有明确的人生目标、端正的学习态度，对知识充满求知欲，通过自身努力，培养良好的学习习惯和终身学习的意识，适应和促进社会发展	废纸回用过程中纤维形态变化的实物教学，结合生态文明建设的讨论式教学
第七章纸浆的漂白	纸浆的漂白历史和发展趋势。 漂白是通过化学品的作用除去木素或改变木素的发色基团。由于早期人们对漂白化学品（特别是含氯漂剂）的危害认识不足，造成了严重的河流污染问题。绿色清洁的漂白技术是发展趋势	培养学生要具有创新精神，开发新技术、新方法、新工艺，保护环境，热爱社会，保护人类。引申到价值观的思考，破除对权威的盲从，为社会的可持续性发展贡献力量	纸浆漂白过程中纤维化学组成和结构的变化图片和分子结构展示，未来绿色漂白技术的发展方向讨论

(续表)

章节	知识点	思政元素	实现方式
第八章蒸煮废液回收与综合利用	黑液碱回收。 在化学制浆过程中，约有占纤维原料 50% 的有机物被溶解到蒸煮液中。如何实现溶解有机物和无机物的回收和利用，是降低生产成本、保护环境的重要课题	培养学生对资源的正确认识，世界上不存在垃圾，“垃圾”是放错位置的“资源”。要有正确的科学观、价值观，为“变废为宝”的科技进程贡献聪明才智	通过图片展示使学生正视我国制浆发展历史，了解制浆造纸科技现状，讨论未来可持续发展的道路

三、教学方法及手段

(一) 视频教学

在讲解绪论时，首先引用视频文件“rethink of the wood”，通过视频教学，加深学生对制浆原料的认识和理解，提高学生的科学素养和创新精神。引导学生思考：木材在古代社会生产、生活中所起的作用是什么？人们的吃穿住用行里哪些离不开木材？什么时间开始木材在吃穿住用行中的比重逐渐减小？随着“白色污染”和“雾霾”等环境问题的日益严峻，未来科技应该如何发展？通过一系列的问题，引导学生要具有广博的知识，了解人类社会的发展历程，坚持科技创新，不断改善社会和自然环境，树立正确的世界观、人生观、价值观。

(二) 图片、实物教学

教学过程中，使用大量的图片和实物融合知识点讲解，让学生的感性认识和理性认识有机融合，加深对专业知识的理解。例如：讲述学科知识的同时，培养学生的自律意识。在讲述制浆废液和固体废弃物回收利用时，使用视觉冲击明显的污染图片，启迪学生一定要坚持生产底线，遵守社会公德，创新生产技术。努力践行社会主义核心价值观，根植“绿水青山就是金山银山”的发展理念。学习过程中，让学生明确大学学习中“学什么？怎样学？”的问题，激发学生学习的主动性。倡导学习要“由简入繁、由易到难”的时序性学习，在课程学习中一定要重基础，依照学习内容的逻辑顺序进行学习，循序渐进。引导学生进行“深度学习”，远离“碎片化学习”和“快餐式学习”，摒弃肤浅和浮躁，体会钻研的乐趣，使学生“乐于学习”。

(三) 案例教学

采用案例式教学，使学生联想生活常识，深刻理解学科知识。例如，通过日常生活中“高压锅炖排骨”的例子，引出高温高压蒸煮解离纤维的知识点，而加入的调味料可以类比为生产中用到的蒸煮化学品。引导学生思家、爱家，常和家人联系交流，培养学生感恩家人的情感。通过比较不同化学制浆方法所得纸浆的差异，引导学生要有辩证的眼光，不能一味强调孰好孰坏。任何事物都是对立统一体，有两面性，要一分为二地看问题，不能只看到事物的好处，还要看到其反面劣势，认清事物的规律。有些学生毕业后急于求成，面对传销组织等诱惑缺乏冷静思考，造成人生悲剧。教育学生要保持清醒的认识，不盲信盲从，认清自己，勤奋刻苦，培养自律、自爱、自强的性格特征。

(四) 情景启发

通过情景启发式教学，促进学生学习的兴趣，培养学生发现问题、分析问题、解决问题的能力。对于机械磨解后纸浆产生扭曲和缠卷形态的现象(称为潜态)，需要在一定温度条件下搅拌疏解(称为消潜)，才能实现纤维强度的恢复。教育学生面对生活和学习中的挫折和变故等突发事件，一定要有合理的心理承受力和恢复力，要有正确的认知态度，以平静的心态看待问题，提出合理的解决方案，养成多元思维方式,将变化的环境看成是迎接挑战和再学习的机会，树立坚定的信心，培养健康的心理。

四、教学效果

实践效果表明，制浆原理与工程的教学模式有效地调动了学生学习的积极性，激发了学生的学习兴趣，形成了较好的“教与学”的互动效果，促进了学生的自主学习能力，有效提高了学生的综合应用能力和实践能力，让学生转变为学习的主动者，为自己的学业和人生负责，取得了较好的教学效果。

在教学中恰当地融入德育，学生普遍反映能够更加形象、深入地理解专业理论知识，同时又拓展了社会道德和行为准则方面的内容，使学生对自己的专业更加热爱，对祖国文化更加自信，对未来的职业规划也更加清晰。通过德融课堂式教学，引导学生树立正确的世界观、人生观、价值观。

造纸原理与工程

宋兆萍

一、课程基本情况

“造纸原理与工程”是轻化工程专业(制浆造纸工程方向)的专业必修课，共64学时，4学分，在大学三年级下学期开设。

本课程内容主要讲授造纸工业的发展现状、浆料的打浆、辅料(添料)的加填、纸料流送、纸和纸板的抄造、纸张的结构与性质的相关知识内容，并对整个造纸生产过程基本原理和生产工艺参数进行了全面介绍，使学生能全面了解和掌握造纸生产过程各工序的基本原理、生产方法、生产工艺及设备，能够解决生产过程中出现的工艺技术问题，并了解国内外造纸发展的新工艺、新技术、新产品、新设备及新的发展趋势。

本课程的目标在于：使学生了解造纸术的发明是中国对世界文明的伟大贡献以及现代造纸是中国古法造纸的传承和发展；使学生了解现代造纸工业在国民经济建设中的地位和作用；使学生对整个造纸工艺流程有一个全面的了解；使学生熟悉造纸过程、原理和工艺，为后续学习相关专业选修课课程提供理论指导并奠定牢固的专业基础；为后续学习的加工纸原理与技术、特种纸和功能纸等专业选修课奠定理论基础。

本课程的教学内容和教学目标决定了其传承性、与时俱进和实践特色，适合融入德育元素。要求教师团队在进行专业知识传授的同时，结合知识点，积极开展德融教学的探索和实践，培养学生严谨认真的科学态度、开拓进取的创新精神及科学规范的职业道德。

二、德融教学设计及内容

习近平总书记在全国高校思想政治工作会议上强调，要“提升思想政治教育亲和力和针对性，满足学生成长发展需求和期待，其他各门课都要守好一段渠、种好责任田，使各类课程与思想政治理论课同向同行，形成协同效应”。

通过对教学目标和教学内容的深入分析及优化设计，将专业知识和德育教育进行有机结合，在讲述理论知识的同时穿插德育内容，希望在激发学生学习专业课热情的同时，把社会主义核心价值观、中华优秀传统文化和世界优秀文化成果融入专业教育全过程，把品德教育融入专业课程之中，让课堂真正成为“传道、授业、解惑”的育人阵地，促进学生全面发展，帮助学生成长成才。

结合造纸原理与工程课程特点，本课程的德融教学主要沿着以下几条主线进行设计：一是使学生了解造纸术的发明是中国对世界文明的伟大贡献及现代造纸是中国古法造纸的传承和发展。在介绍课程内容时，可根据目前的国情特点，使学生深刻认识我们的先人创造了辉煌的文明，为人类社会的发展做出了杰出的贡献，让学生感受造纸术作为四大发明之一对人类社会的伟大意义，培养学生对专业学习的兴趣，激发学生的民族自豪感，培养爱祖国、建设祖国的热情；二是结合制浆造纸工艺流程，涉及的制浆步骤、抄纸流程、化学品的添加等，进行实践教学实现能力目标，教学过程中结合实验提高学生的动手操作能力和科学分析能力，并培养学生的思辨能力和团队意识；三是课程中涉及的技术理论、原理与最新科学研究进展密切相关，在进行课程理论教学时，介绍最前沿的科学研究发现和新的国际科研动态，并进行适当的延伸与拓展，拓宽学生的眼界，培养学生开拓进取的创新意识和创新精神。同时，培养学生自主搜集资料、通过分析资料解决问题的能力，以提高其综合素质。

本课程的德融教学设计和内容如表 3-1 所示。

表 3-1 德融教学设计和内容

章节	知识点	思政元素	实现方式
绪论	国内外造纸工业的发展现状；纸和纸板的分类、性质和用途；纸和纸板的规格和质量指标	让学生感受造纸术作为四大发明之一对人类社会的贡献，培养学生对专业学习的兴趣，激发学生的民族自豪感，培养爱祖国、振兴祖国的热情	启发式教学：引入北京奥运会开幕式中四大发明的应用场景；结合行业发展、国际地位介绍，引导课堂讨论
第一章 打浆	打浆对纤维的作用、纤维结合力、氢键理论；打浆方式和打浆工艺；打浆与纸张性质的关系；打浆设备	思辨能力，团队协作能力，微观与宏观的关系	科研实践教学：通过打浆实验总结验证打浆对单根纤维、浆料及纸张的影响
第二章 造纸化学品及其应用	施胶的作用、方法、常用的施胶剂；加填的作用及对纸的性质的影响、填料留着机理；其他化学品的应用	探究个体与集体的关系，提倡螺丝钉精神，激发学生集体荣誉感	科研实践教学：抄纸实验及化学品的应用与纸张质量检测，探讨化学品的作用
第三章 供浆系统与白水系统	纸料组成和性质；纸料悬浮液的流体力学特性及影响纸料悬浮液流动状态的因素；供浆系统的组成；纸页的纵向定量波动及其控制	个体价值观定位和集体性社会认同的关系；和谐道德观，真正融入集体及职业道德的培养	启发式教学与实例教学相结合
第四章 纸浆流送与纸页成形	抄纸前纸料的处理；各种纸机的工作原理；纸页在长网上的成形机理及案辊、案板的脱水原理	增强责任意识，团队合作意识	启发式教学，辅以视频、案例及课堂讨论

(续表)

章节	知识点	思政元素	实现方式
第五章 纸页的压榨与干燥	压榨脱水机理及影响因素；干燥与纸的收缩；干燥过程原理及强化干燥的措施	踏实笃定；培养正确的道德观和价值观；团队协作，坚定实现民族复兴的伟大梦想	启发式教学：如何一步一步实现纸张的压榨脱水与干燥，课题讨论
第六章 纸页的表面处理与卷取完成	纸的表面施胶；压光、卷取、纸的完成与整理、纸机传动	大局观，中国工匠精神，一丝不苟、精益求精，不断创新	视频教学，讨论式教学
第七章 纸板的制造	连续式、间歇式和半连续式纸板机的生产；纸板的特点和质量控制	培养宏观意识形态，求真务实、攻坚克难	案例式教学，启发式教学
第八章 纸和纸板的结构及性质	纸板的结构特点：三维结构、纸的匀度、纸张的两面性；纸张的物理性能指标	加强环保意识，养成社会责任感，树立回收利用及环保意识	启发式教学：纸及纸板在生活中的应用实例，结合专业问题及热点讨论

三、教学方法及手段

采用合适的教学方法及手段，将德育元素有效融入专业课的教学当中，切实提升思政课教学质量，实现德融教学目标。本课程主要是以满足学生的专业发展需求和提高综合能力为出发点，找准专业课人才培养中的薄弱环节，进行理想信念教学启发，丰富实践活动。本课程主要采用以下方法及手段来开展德融教学。

（一）案例复合问题导向教学

在教学过程中，通过设计几个特殊纸种的应用场景为案例探究课题，引导学生通过网络信息、期刊及外文数据库系统地收集资料、挖掘数据，并展开深入地研究，用以探讨某一纸种的生产及应用的状况。设计一些场景，让学生回答每种纸用在什么场合，为什么用，其特殊性质由什么因素决定的，是原料、添加剂、纸页结构还是生产工艺？让学生有目的、有针对性地参与和完成每个环节。

在整个过程中，老师主要起协助的作用引导学生发现问题，学生则作为探索和研究学习的主体。与此同时，教师要注重学情分析，适时提出能激发学生好奇心和求知欲的问题，引导学生主动思考，寻找答案，从而培养学生解决问题的能力。除此之外，鼓励学生团队合作进行小组讨论，培养学生的思辨能力及团队协作、精益求精的学习习惯和生活态度。通过案例分析法，不仅传授给学生查找文献材料的方法，在分组合作和小组讨论的过程中，学生也逐步建立起团队协作意识、集体荣誉感和良好的职业道德，为以后的工作学习奠定了良好的基础。

（二）实验室实践

充分利用重点实验室的科研平台，与理论知识相结合的实验室实践对课堂教学形成有力的支撑。

课堂讲授到纸张助剂这一部分，涉及的施胶剂、增强剂等造纸助剂，鼓励学生到实验室动手操作，在制备手抄片的过程中，准确、严谨地按照比例添加助剂，并最后通过实验仪器测试所得纸张的施胶或增强效果。通过这样的对比，能够强化对课堂知识的理解，更能全面深入了解助剂的特性、应用效果及影响因素。

通过实验操作，将理论与实践完美结合在一起，增强学生科学严谨的精神，激发学生探究万物关联及其蕴含的哲学思想，并能激发学生的积极主动性，寻求新旧知识的联系，从而主动驾驭学习内容，发掘问题的本质，强化学生理解问题的能力。

(三) 引入“互联网+”概念

互联网的应用在当今世界无处不在，网络是知识的一个很好的载体。目前，学生使用互联网的工具，已慢慢由计算机转至手机，而如何引导学生正确使用手机及其他电子产品也是很重要的。所以，转变传统教学观念，在教学中打造课程网站或建立微信公众平台、QQ 群、微信群等网络教学平台，能一定程度上激发学生学习兴趣、增强教学效果，促进师生间及时交流。学生可以自由安排在互联网平台的学习，具有更大的空间和时间自由进行自主探索，搜集资料或获取国内外行业信息及发展动向，增强了学生的学习自主性和能动性。

四、教学效果

作为核心专业课，造纸原理与工程涉及的专业内容非常多，一些内容相对枯燥，单纯采用传统的教学方式，学生学习积极性不高。

通过德融教学环节中教学案例的分析讨论、自主学习中运用互联网了解到的现代造纸行业信息及发展动态，学生了解到本专业对个人生活及社会发展的重要性，对本专业有了新的认识，消除了对传统专业的偏见，在专业课学习上有了新的动力和目标。

德融教学模式，有效地调动了学生的学习积极性，激发了学生的学习热情，增强了学生的自主学习能力，提高了学生理论与实践相结合的综合应用能力和实践能力，取得了良好的教学效果。

制浆造纸机械与设备

李荣刚

一、课程基本情况

“制浆造纸机械与设备”是轻化工程专业(制浆造纸工程方向)的专业必修课，也是一门专业核心课，共64学时，4学分，在大学三年级下学期开设。

本课程以工程制图、工程力学、机械设计基础、制浆原理与工程、造纸原理与工程等内容为基础课或专业基础课，主要学习制浆造纸机械与设备的类型、结构、工作原理及操作维护。由于制浆造纸机械与设备非常多，教师应选择性地重点讲解现代制浆造纸企业所用的先进制浆造纸设备，例如，卡米尔连蒸器、横管连蒸器、高得率制浆的大型盘磨机、废纸制浆的碎浆浮选设备等，先进的漂白打浆设备和稀释水流浆箱、靴型压榨、新月形卫生纸机等先进的抄纸设备，并对它们的主要结构、工作原理、主要部件、发展趋势等方面进行重点讲解。

本课程的教学目标分为三部分，分别是知识目标、能力目标和素质目标。

【知识目标】熟悉和掌握制浆造纸设备的内部结构、工作原理、主要部件及操作维护，为以后的进一步深造及实际生产操作打下坚实的基础。

【能力目标】以学生的应用能力培养为主要能力目标，使学生既具有扎实的理论基础又具有分析和解决复杂制浆造纸工程问题的能力。

【素质目标】培养学生具备科学规范的职业道德，严谨认真的科学态度，开拓进取的创新意识，并具备一定的社会责任感。

二、德融教学设计及内容

2019 年 10 月，教育部《关于深化本科教育教学改革全面提高人才培养质量的意见》中提到“把课程思政建设作为落实立德树人根本任务的关键环节，坚持知识传授与价值引领相统一、显性教育与隐性教育相统一，充分发掘各类课程和教学方式中蕴含的思想政治教育资源，……，引导带动全员全过程全方位育人”。

为落实教育部对于课程思政的基本要求，我们对“制浆造纸机械与设备”课程内容体系和各个教学环节进行深入分析和优化设计，寻找和培育学生知识、能力和素质的增长点，将学生综合素质培养渗透到课程教学过程的每个环节，使专业课教学由知识传授为主转向知识、能力、素质和价值观兼备的一体化培养，从而做到德融教学和课程育人。

课程主要从三个方面进行德融教学设计：从教学内容中挖掘德融教学元素；在教学过程中引导学生热爱专业，诚实守信；在考核过程中加强德融教学效果。

本课程的德融教学设计和内容如表 4-1 所示。

表 4-1　德融教学设计和内容

章节	知识点	思政元素	实现方式
绪论	中国造纸工业、中国造纸机械工业发展历程、现状和趋势	由造纸工业的发展历程培养学生的民族自豪感和家国情怀，培养学生形成爱国、自信、进取的行业精神； 增强专业自信，树立为中国造纸工业发展做贡献的信心和责任担当	图片教学， 视频教学
第一章 备料机械与设备	剥皮机、削片机、非木材原料的切断设备、非木材原料的筛选除尘既湿法备料	由备料质量对后续制浆造纸过程的影响，引导学生认识制浆造纸过程是紧密联系的整体，建立系统论的思维模式	图片教学， 视频教学
第二章 化学制浆设备	间歇蒸煮设备、塔式连蒸设备、横管连蒸设备	由蒸煮设备在生产中出现的问题，引导学生思考如何预防事故的发生，做一名合格的造纸工艺工程师应具有匠心精神和职业道德	蒸煮锅模型；塔式连蒸生产线 VR 教学模型；横管连蒸生产线 VR 教学模型

(续表)

章节	知识点	思政元素	实现方式
第三章高得率浆设备	流程及设备、盘磨机、附属设备	由于国内植物纤维原料的短缺，高得率浆越来越引起造纸行业的重视。由当前行业热点生物机械浆生产引导学生关心时政，关心行业发展趋势，形成辩证思维	木片盘磨机模型；化学机械浆生产线 VR 教学模型
第四章废纸制浆及废纸脱墨设备	碎浆机、浮选设备、热分散和搓揉机	由废纸制浆的优势入手，引导学生形成绿色制造、可持续发展的理念。 由废纸分类处理认识到垃圾分类处理的好处，养成垃圾分类的好习惯。 由转鼓碎浆机的发明过程、浮选脱墨槽的发展借鉴了浮选选矿技术等引导学生形成发散思维和逆向思维模式	分组专题研讨式教学；浮选脱墨槽模型；废纸制浆生产线 VR 模型
第五章洗涤浓缩设备	真空洗浆机、多圆盘浓缩机、高浓洗涤浓缩设备	浆料洗涤过程同时也是废液回收的开始，使学生了解循环经济和废物减量化的概念	真空洗浆机、多圆盘浓缩机教学模型；洗涤设备的 VR 模型
第六章筛选净化设备	压力筛、锥形除渣器	压力筛和除渣器是主要的筛选净化设备，其进出浆之间的压力差是设备良好工作的主要参数。引导学生正确看待压力和动力之间的关系	压力筛、除渣器的教学模型；筛选设备的 VR 模型
第七章漂白设备	中浓纸浆氧漂白设备、中浓纸浆 ClO_2 漂白设备、H_2O_2 漂白设备、中浓浆泵	通过对中浓氧漂白、中浓二氧化氯漂白、中浓过氧化氢漂白等中浓 ECF、TCF 漂白流程和设备的学习，培养学生环保意识	案例驱动式教学；漂白塔、中浓浆泵、中浓混合器 VR 模型

(续表)

章节	知识点	思政元素	实现方式
第八章 打浆与疏解设备	盘磨机、圆柱磨浆机、锥形磨浆机、高浓磨浆机、疏解机	通过不同工况下盘磨机磨片和磨浆参数的选择，增强学生理论联系实际解决复杂工程问题的能力	盘磨机模型；案例驱动式教学
专题 内压薄壁容器的设计	内压薄壁容器的概念、设计公式及其使用	培养学生的工程设计能力，培养学生严谨认真的科学态度和开拓进取的创新意识	图片教学，问题探究式教学
第九章 造纸机	第一节 造纸机概述	培养学生文献查阅能力，语言和书面表达能力，团队协作意识	分组专题研讨式教学
	第二节 纸浆流送设备和流浆箱	由白水稀释水力式流浆箱的国产化过程及某些社会热点问题引导学生认识到核心技术不能受制于人的重要性	流浆箱 VR 模型；视频教学
	第三节 造纸机成形装置	通过对不同成形装置的比较，培养学生的辩证思维意识	长网成形装置 VR；夹网成形装置 VR；叠网成形装置 VR
	第四节 造纸机压榨装置	由靴式压榨的发明引导学生认识到创新的重要性和创新的途径	案例驱动式教学；真空压榨辊教学模型；靴式压榨 VR 模型
	第五节 造纸机干燥装置	由纸机干燥技术的发展引申到节能降耗是造纸行业可持续发展的关键要素	案例驱动式教学；烘缸教学模型；干燥部 VR 模型
	专题：国家重点实验室中试纸机、中试涂布机现场实践	通过参观国家重点实验室，使学生现场感受重点实验室的发展进步，从而增强专业自豪感，增强对专业和学校的认可度，提高报考本校研究生比例	现场教学，增强感性认识

（续表）

章节	知识点	思政元素	实现方式
第十章废水处理与白水回收设备	概述、多圆盘白水回收机	增强环保和清洁生产意识，建立环保观念	视频教学；造纸废水处理过程 VR 教学
教学过程	线上自学	培养学生的自学能力和诚信意识	线上视频的学习及自测；线上讨论
	课堂教学及交流	榜样意识，培养学生积极主动的学习态度	教师严谨的工作态度、对学生的关心关爱、教师工作过程中展现的正能量

三、教学方法及手段

如何采用合适的教学方法和手段将思政元素巧妙而有效地融入专业课程的教学过程，是德融教学的一个关键问题。最好的做法是将思政元素自然地融入课程，真正做到润物细无声，而不是突兀生硬，这需要教师认真思考。根据“制浆造纸机械与设备”课程的特点，教学过程中采用了线上线下混合式教学模式。其中，在课堂教学过程中，主要采用案例驱动式、专题研讨式、情景模拟式教学方法，并在课后加强实践教学。

（一）网络教学

本课程内容较多，学时有限，在有限的课堂教学中难以实行有效的德融教学工作，因此需借助于网络教学资源，实行线上线下混合式教学模式。该模式不仅能提高教学效果，而且是实现课程思政的有效工具。

本校正在建设本课程在线开放课程，在开放课程建成之前，采用华南理工大学的“制浆造纸机械与设备”在线开放课程(MOOC平台)作为网络教学平台。根据教学进度，教师在 MOOC 平台上提前发布自学内容，学生通过该平台观看课程视频，进行自主学习。在学习过程中，完成网上章节测试题。本校也非常重视网络教学资料库的建设，我们将教师多年积累下来的诸多资料上传到网络，学生可以下载后学习，特别是有些企业提供的资料，这些资料是教师通过与企业合作横向课题的机会获得的，学生很难接触到，这些资料不仅有助于学生学习本课程，而且对他们将来的工作也会有很大帮助。教师也可将有关的课程通知、课程作业、复习题放到 MOOC 平台上。

为便于网络讨论，教师充分考虑学生实际，除了在 MOOC 平台上组织学生进行线上讨论，还利用现代网络工具，建立了课程 QQ 群和微信群。通过 QQ 群和微信群进行答疑讨论具有以下特点：时效性，每一部分课程结束后师生通过网上及时交流可强化学生理解课程内容；群体参与性，提高学生的学习热情和兴趣，让更多学生参与进来；师生互动性，教师和学生通过 QQ 群和微信群不仅可以讨论课程相关知识，还可以讨论专业发展、就业及学生关心的其他话题。

(二) 案例驱动式教学方法

学生通过 MOOC 平台学习基础知识，教师根据平台上的章节测试结果检查学生对基础知识的掌握情况，课堂上就疑难问题进行重点讲授及讨论。案例驱动式教学方法，即教学过程中以教师做过的科研课题作为相关教学内容的案例，丰富更新教学内容。这些案例将理论和实际紧密结合，可极大地激发学生的学习兴趣，提高教学效果。如“纸机的成形装置”这一部分，结合横向课题“特种斜网纸机的研发”来讲解成形装置的组成及结构，学生的学习兴趣和学习热情空前高涨，能提出问题并与教师形成互动。教师在讲解“纸机的压榨装置”中的“压榨织物”这一部分时，结合横向课题“靴式压榨专用造纸毛毯的研发”，既讲解了压榨毛毯的结构组成，又讲解了高速纸机靴式压榨专用毛毯的设计过程，使学生印象深刻。在讲解“纸机的涂布机械”时，结合横向课题“高级微量涂布纸涂布技术的研发”，学生能深入浅出，掌握涂布机械和涂布技术的重点和要点。

(三) 专题研讨式教学方法

教师事前给出研讨题目并对学生进行分组；学生利用课后时间查阅文献、归纳整理并完成课件，小组推选主讲人；在课堂上对各组的成果进行展示和研讨，小组主讲人进行小组汇报，组员可进行补充；当一组讲解完成，其他组进行质疑和讨论；最后由教师进行点拨和总结，强调该部分内容的重点和难点。这种教学方法将课程的主体变为学生，教师的任务主要是组织教学资源，主导讨论过程。因此，这种教学方法可以培养学生自主学习、深度学习的能力，培养学生发现、分析和解决复杂工程问题的能力及良好的团结协作精神和质疑思辨的创新精神。如“废纸制浆及废纸脱墨设备”这一章设计了研讨题目“非脱墨和脱墨废纸制浆的典型流程和所用设备”。“造纸机概述”这一部分设计了研讨题目“选择一种常用纸种(如新闻纸、文化纸、瓦楞原纸、包装纸板、卫生纸、特种纸等)，说明生产该纸种的先进纸机的配置情况”。

通过专题研讨，可提高学生使用网络进行文献检索的能力，提高语言表达能力、工具应用能力、分析问题解决问题的能力等。学生的学习热情高涨，学习效果良好。

(四) 情景模拟式教学方法

在课堂教学中，教师利用多媒体课件、设备图片(教师利用实习或做横向课题机会在工厂拍的照片)、视频(如 How paper is made、生产现场视频)、自制的实体教学模型(见图 4-1)、自己开发的生产过程及设备的虚拟仿真(VR)模型等模拟生产情景(见图 4-2、图 4-3)，使学生身临其境，印象深刻。

图 4-1　自制的制浆造纸设备实体教学模型

图 4-2　自主开发的制浆造纸生产线 VR 教学模型

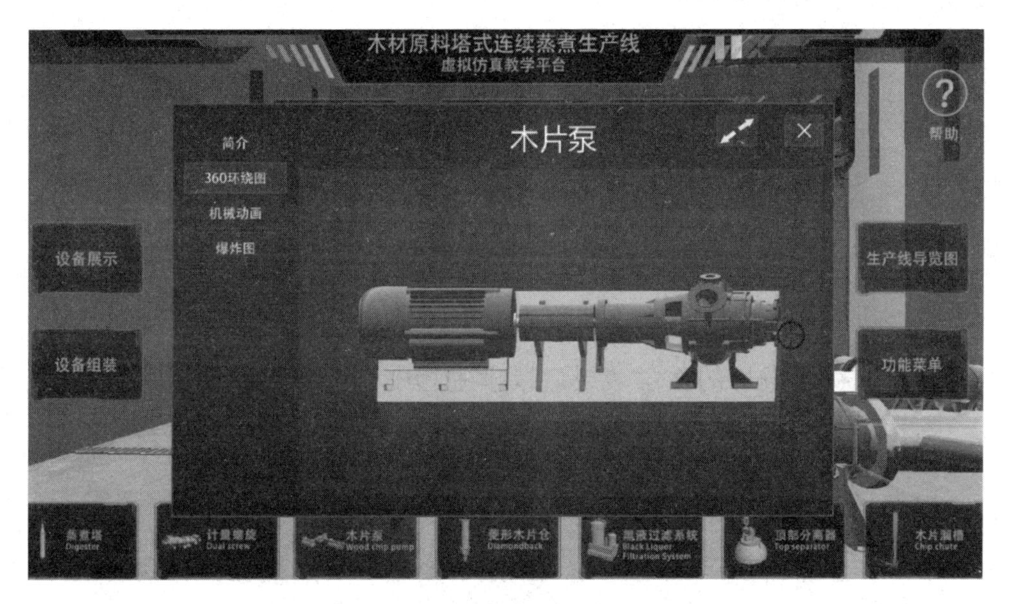

图 4-3　自主开发的制浆造纸设备 VR 教学模型

(五) 加强实践教学

本课程是实践性很强的课程，由于没有实际接触过相关设备，学生对部分教学内容理解起来有难度。同时，有些内容也容易使学生感觉枯燥乏味。因此，在授课过程中，学生对造纸设备的认识是教学的难点。充分利用实践教学，给学生以直观的印象，可提高学习兴趣，有利于专业知识的学习、理解和掌握。生物基材料与绿色造纸国家重点实验室拥有较好的实验装置，尤其是中试用小型长网纸机、中试用小型涂布机等，可以为学生提供比较直观的认识。教师在课余时间还可以组织学生到相关造纸机械厂参观，了解设备的加工、装配、安装。

四、教学效果

“制浆造纸机械与设备”课程具有教学内容丰富、知识点多、实践性强等特点，同时，教学内容零碎且枯燥，采用传统教学方法，教师讲授起来难度大，学生学习亦有困难。本课程在教学中融入德育，取得了较好的教学效果。以学生为中心，有效调动了学生的学习积极性，提高了学生的学习兴趣，形成了较好的教学互动，有效提高了学生应用能力和实践能力。

学生普遍反映，本课程理论结合实际，实用性强，喜欢上课，听老师讲课是一种享受。通过在课程教学过程中引入思政元素，既加深了学生对专业知识的理解，又对他们进行了专业教育，对自己的专业更加自信和热爱，对未来更有信心。同时，通过德融教学，也引导学生树立正确的人生观和价值观，培养学生具有科学精神、团队意识、家国情怀等。

制浆造纸生物技术

李宗全

一、课程基本情况

“制浆造纸生物技术”是轻化工程专业(制浆造纸工程方向)的专业选修课，共 24 学时，1.5 学分，在大学三年级下学期开设。

鉴于目前生物技术在制浆造纸各个流程中得到了大量研究和应用，且学生毕业后在工作中会经常遇到关于生物技术应用的案例，根据交叉学科发展的需要，专门设置了本课程。通过本课程，系统学习生物技术在制浆造纸过程中应用的原理和技术，激发学生的创新精神，拓展解决问题的思维方法和能力，全面提升学生的综合素质。

本课程的教学目标分为三部分，分别是知识目标、能力目标和素质目标。

【知识目标】系统地掌握各项生物技术在制浆造纸过程应用的基本原理；明确实际生产中影响生物处理的工艺条件；熟悉各种生物方法在制浆造纸各个流程中的实际应用效果以及应用前景；能够分析限制生物技术应用的因素和改进措施。

【能力目标】在明确生物技术在制浆造纸中应用原理的基础上，根据生物技术应用的条件和效果，对于制浆造纸流程中的某些特定问题提出生物技术解决方案，并明确产生的效果和局限性，培养学生解决复杂工程问题的能力。

【素质目标】培养学生严谨和诚实守信的科学态度、科学思维和研究能力；培养学生开拓进取的创新精神。使学生意识到科学技术和创新能力对于社会发展的重要性。通过老师言传身教，培养学生正确的人生观和价值观，全面提高学生的综合素质。

二、德融教学设计及内容

大学阶段是学生人生观和价值观形成的重要时期。在大学生培养过程中，我们不但要向他们传授知识，而且要做到真正的“育人”。因此，老师一定要提高自身的综合素质。除了传授文化知识，还要在授课过程中，通过各种途径将德育元素融入教学中，并通过言传身教，教授学生做人做事的原则和道理。培养学生积极向上的人生观和价值观，培养学生良好的科学探索和创新精神。

在制浆造纸生物技术课程的教学过程中，我们挖掘课程知识体系中各个知识点的德育元素，在讲授专业知识的同时，将严谨和诚实的科研态度传达给学生，培养学生的科学思维能力，以及在学习和生活中不怕失败、勇于尝试和拼搏的精神。

德育教育，并不是把德育元素生硬地植入专业课教学中，而是要做到“润物细无声”，在讲授专业知识的同时，自然地融入德育内容，使学生在获得专业知识的同时，综合素质也得到提高。

本课程的德融教学设计和内容如表 5-1 所示。

表 5-1　德融教学设计和内容

章节	知识点	思政元素	实现方式
第一章	生物技术及其在工业主要是轻工业中的应用概况	科学技术发展需要各学科的融合，需要广泛学习多个学科知识； 激发学生的科研兴趣； 创意对生产技术的进步很重要	介绍生物技术目前在各个行业的应用实例； 介绍本实验室在本领域取得的成果； 阐明生物技术在造纸中的成功应用就是创新研究的结果
第二章	降解植物纤维细胞壁的微生物和酶及其降解原理	尊重自然规律，积极发现自然规律，科学利用自然规律	通过酶降解植物纤维三大组分的原理和应用引申讲解
第四章 第一节	树脂沉积的脂肪酶控制	养成良好的生活习惯，积极锻炼身体，为以后工作生活打好基础	通过类比人体血管中甘油三酸酯沉积的产生和危害引申
第四章 第二节	废纸回用过程中胶粘物的酶法控制	少用塑料等难降解的人工合成物质，保护环境	通过人工合成胶粘物难降解，引申出日常生活中多种难降解人工合成物质的危害

(续表)

章节	知识点	思政元素	实现方式
第四章第三节	机械浆使用过程中阴离子垃圾的控制	善于运用交叉学科知识	将果胶酶在果汁行业的应用和原理与造纸工业中控制阴离子垃圾的原理进行比较
第五章	纸浆生物漂白	学习不仅要知其然，还要知其所以然，探讨事物的基本原理，有利于更好地对其应用	通过比较几种不同的酶用于纸浆漂白的原理延伸
第六章第三节	废纸酶辅助脱墨	科学实验需要严谨的态度，且要不怕失败，勤于思考，善于总结失败的经验，最终解决问题；学习要学会举一反三	讲述老师在实验室研究中和工厂实际生产中遇到的问题和解决问题的过程；通过脂肪酶用于树脂障碍控制的原理，思考其用于废纸脱墨的原理

三、教学方法及手段

(一) 讲座式教学

本课程的一个鲜明特点，就是课程内容大部分是授课老师及本实验室老师的科研成果。另外，本课程是介绍生物技术在制浆造纸过程中具体工段中的应用。因此，在授课过程中，可以采用讲座式教学。根据授课老师的研究领域，介绍某一项生物技术。结合授课老师的研究成果，进一步讲解这一技术的原理、发展趋势及目前存在的问题。这样可以激发学生的科研兴趣，开拓学生的视野，并使学生意识到创意对生产技术的进步非常重要。

(二) 理论结合实践法教学

根据授课老师在工厂实践中发现的问题及解决问题的过程，在授课过程中引入授课老师在实际生产中获得的经验和成果，使枯燥的理论变得生动。例如，授课老师曾对酶法脱墨技术进行过深入的研究，并已在几个企业进行过生产实验，取得了良好的效果。这样就可以在讲授理论的基础上，结合生产实践，介绍在实际生产中遇到的问题及其解决过程，激发学生的研究兴趣，并结合生产实践情况，融入科研诚信的德育元素，科学研究要求严谨诚实的态度，造假等科研不端行为在实践中终会被戳穿，进一步引申到在学习工作中都要讲求诚信。

(三) 案例式教学

从工厂中存在的某一具体问题着手,介绍他们提出的解决方案，并分析其利弊，进而引出生物技术解决方案，并分析其原理、优缺点和效果。例如，山东某工厂对于混合办公废纸脱墨时，采用传统的化学法存在脱墨难的问题。工厂通过优化化学法脱墨工艺的方法效果不佳，最后采用酶法脱墨成功地解决了问题。通过这一案例，使学生意识到交叉学科知识的重要性，解决问题需要各方面的知识储备和综合能力。

(四) 类比法教学

将专业知识与日常生活中常见的现象进行类比，浅显易懂地讲授知识，并且自然地将德育元素融入课堂讲授过程中。

例如，在讲授废纸酶法脱墨时，将鼓式碎浆机与滚筒洗衣机类比，将高浓水力碎浆机与涡轮洗衣机类比，废纸酶法脱墨的原理与洗衣服时加酶洗衣粉的原理类比，使学生轻松理解酶法脱墨的原理，并且领会到在日常生活中要勤于观察，勤于动脑，善于发现。同时，从洗衣机和洗衣服引出在日常生活中要勤劳、整洁，不能光沉迷于玩网络游戏等。

又如，在讲授树脂沉积的原理时，将树脂在管道中的沉积与甘油三酸酯在人体血管中的沉积类比，使学生能够轻松地了解到树脂沉积的原理和危害，并提问学生“是否知道血脂在血管中沉积的原因和危害？”告诉学生养成良好的生活习惯，积极锻炼身体，为以后工作生活打好基础。

再如，将纤维素发酵生产乙醇与淀粉发酵生产白酒类比，指出植物纤维原料中纤维素发酵生产乙醇存在的问题和解决办法及其发展前景。

(五) 图片教学

运用图片教学，在讲授科学知识的同时培养学生爱护环境的意识。例如，在讲述废纸回用过程中胶粘物的酶法控制技术时，大量使用图片教学，包括胶粘物在生产中各个部位的沉积图片和胶粘物来源的图片，并以学生当前常用的快递纸箱封箱带引出胶粘物沉积的源头复杂多样，但大都是人工合成的难降解聚合物。介绍目前能生物降解的只有聚醋酸乙烯酯等少数几种合成物质，因此酶法控制胶粘物存在局限性。通过介绍这些生物难降解物质造成的工业生产问题，引申到日常生活中塑料垃圾带来的污染问题，引导学生不用或少用难以生物降解的塑料制品包括一次性餐具等，增强学生“从我做起，保护环境”的意识。

(六) 讨论式教学

讨论式教学能够使学生由被动地接受知识转化为主动地寻求知识。课前布置题目，让学生分组主动查阅、整理资料，然后在课上宣讲自己查阅的结果，了解某一项生物技术的发展历史和发展趋势，并提出自己的见解。例如，在课前布置专题“植物纤维原料生产乙醇过程中的预处理方法”。学生针对这一专题，查阅、整理资料，课堂上进行讨论。这时就可以引导学生，分析这些方法的优缺点，并总结纤维原料生产乙醇这一技术的发展前景。使学生认识到科技总是在不断地向前发展，科学技术是第一生产力，鼓励学生要有创新精神。

(七) 参与科研式教学

由于授课老师对生物技术在制浆造纸中的应用进行了大量深入

的研究，并且一直还在从事这个领域的研究，因此可以鼓励部分有兴趣的学生加入老师的研究团队，参与科学研究，从而使学生更深刻地领会所学知识，学习科学研究的方法，提高发现问题、分析问题和解决问题的能力。例如，在给2017级学生进行本课程授课时，有五个学生对生物技术的应用有浓厚的兴趣，提出想参加老师的相关科研实验。授课老师安排他们分两组，进行了相关的科学实验。实验持续进行了一个学期，取得了良好的效果。研究成果发表了两篇论文，申请了两个专利。他们学到了科学实验的方法，提高了科学实验的能力，对课堂上所学知识也领会得更加深刻。在给下届学生授课过程中，讲述了这两组学生的研究成果。由于是讲授身边同学的研究成果，学生们更感兴趣，也进一步激发了他们参与科研的兴趣和信心。

四、教学效果

通过各种形式的教学方法，自然地将德育元素融入专业课的教学中，大大激发了学生的学习兴趣，学生逐渐养成了主动学习的好习惯。上课时玩手机的学生少了，认真听讲的多了。课上学生会积极提问，课下也有一些学生会跟老师探讨自己对某个问题的想法。德育教育提高了他们发现问题、思考问题和解决问题的能力。

与毕业后到相关企业工作的毕业生沟通后发现，当毕业生在工作中遇到一些技术问题时，他们很自然地想到能不能用生物技术解决这个问题，并且会跟讲授造纸生物技术这门课程的老师联系，探讨实际问题。这都源于上课时他们对课堂内容产生的极大兴趣，其中德育元素对学习兴趣的激发起了重要作用。

加工纸与特种纸

于冬梅

一、课程基本情况

“加工纸与特种纸”是轻化工程专业(制浆造纸工程方向)的专业选修课，共 32 学时，2 学分，在大学三年级下学期开设。

本课程主要介绍国内外加工纸和特种纸的种类、发展及其生产技术原理，在“造纸原理与工程”基础上拓展学生纸加工技术、特种纸相关专业知识，为制浆造纸工程专业学生构建全面的专业课知识体系。

通过本课程的学习使学生掌握加工纸与特种纸的生产技术原理，了解加工纸与特种纸的种类及发展，培养运用实验、推理、验证、分析的科学方法来研究和认识新事物的能力；通过本课程的学习，使学生了解加工纸与特种纸的产生及发展过程，理解加工纸、特种纸和原纸制造间的发展、演绎过程，掌握纤维类纸质材料的分析、研究过程(原料分析、生产技术运用、产品的质量指标间的关系三方面)，培养科学分析问题并利用发散思维解决问题的能力；在传授知识和培养各项能力的同时，将立德树人贯穿到教学的全员全程全方位之中，培养德智体美劳全面发展的全优人才。

二、德融教学设计及内容

德融教学主要沿两条主线进行设计，一是要增强施教主体教师自身的德融意识和德育能力。教师进行教学设计要避免课程思政的误区：避免将专业知识和思政元素机械结合和标签化，避免思政元素的简单嵌入，要根据所教课程特点、学生群体特性和所面临的问题深入挖掘立德树人的潜能，做到思政元素与专业知识的有机融合，这是一种精细的浸润式的隐性教育而不是粗放的漫灌式显性教育。在教学设计中要以专业知识为明线、思政元素的浸润为暗线，两条线螺旋发展，相互促进。这样才能做到在教学过程中增强知识传授与价值引领的有机融合，才能更好实现润物无声的立德树人效果。二是在教学内容的设计上以教学内容为载体，分别从知识目标、能力目标和素质目标三个层面浸入思政元素。教学内容与思政元素融合点如表 6-1 所示。课堂教学设计秉承“以学生为中心”的教学理念，以提高学生自主学习的能力、自主探究和解决问题的能力、自身价值感的养成为目标，以认知结构学习理论为指导，注重学生个体的原有专业知识的认知结构在新知识的接纳、吸收过程中的正向作用。

表 6-1 德融教学设计和内容

章节	知识点	思政元素	实现方式
第一章 概述	加工纸、特种纸的概念及其发展演变过程	从特种纸、加工纸在发展过程中的不断更新、迭代，融入发展思维	图片教学，思维导图式教学
第二章 颜料涂布加工纸 第一节 涂布加工纸原纸	原纸的结构、原纸的特性；原纸的生产技术；原纸质量对涂布工艺和涂布纸质量的影响	从原纸是涂布加工纸的基础，原纸的质量对加工纸的质量起重要影响作用，融入踏实做学问、做事、做人的思想	图片教学，视频教学，讨论式教学
第二章 颜料涂布加工纸 第二节 颜料涂布纸的原料	颜料和胶黏剂的种类、性能及其对涂布加工纸的影响；其他涂布助剂	从一个个小的颜料粒子在经过涂布加工后可以赋予纸张表面极高的平滑度和光泽度，融入新时代的主人翁意识	图片教学，讨论式教学，翻转课堂
第二章 颜料涂布加工纸 第三节 涂料的制备及质量控制	涂料制备的物理化学原理；涂料的配方；涂料的制备方法；涂料制备设备；涂料的质量指标及其检测	从涂料中的每一个组分单独拿出来都是微不足道的，但组成涂料后却可以生产出成千上万种具有不同功能的高附加值纸，融入团队合作意识	项目式教学，讨论式教学
第二章 颜料涂布加工纸 第四节 颜料涂布方法及设备	涂布技术概述；涂布设备；几种新型涂布技术	从同一涂料配方采用不同的涂布加工方式会得到性能截然不同的加工纸，融入科学分析、合理决策意识	探究式教学，图片式教学，家族树式教学

(续表)

章节	知识点	思政元素	实现方式
第三章 特种涂布加工纸	铸涂纸、无碳复写纸涂料组成，涂布方法及设备，生产过程的主要影响因素	从无碳复写纸的微胶囊涂布入手，在传统颜料涂布基础上融入创新的思维	启发式教学， 图片式教学
第四章 其他加工纸	浸渍加工纸、机械加工纸、非植物纤维纸	从采用特种纤维材料如碳纤维借鉴抄纸工艺技术制造特种碳纤维隔膜纸角度，融入科学分析及创新意识	视频教学， 思维导图式教学， 探究式教学

课堂实施过程如图 6-1 所示。

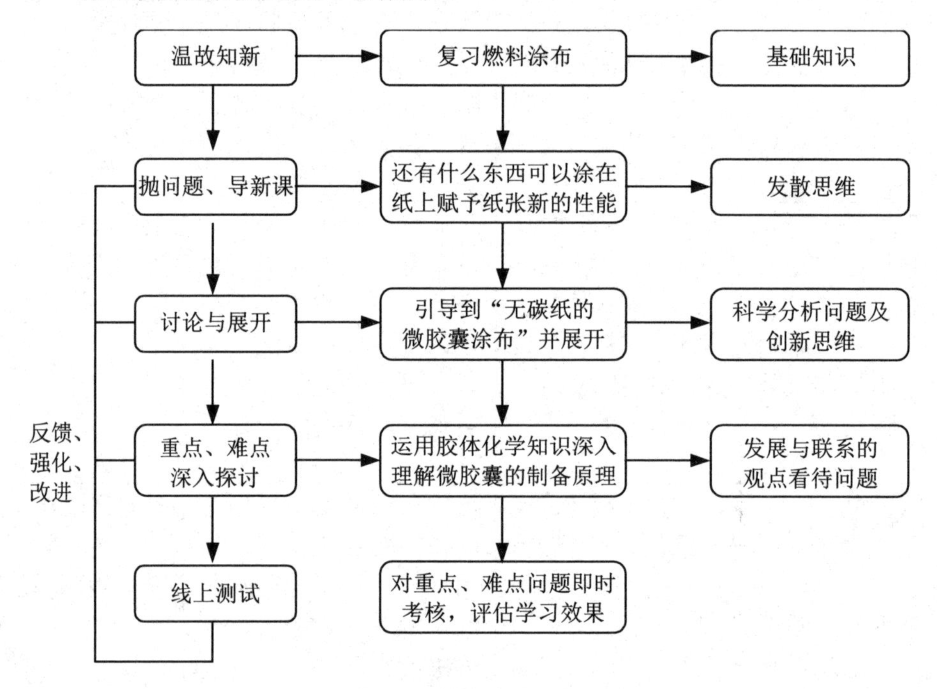

图 6-1　课堂实施过程

三、教学方法及手段

课程思政要做到春风化雨、润物无声，自然地熏陶学生，而不是生搬硬灌，这样学生才不会反感，更容易接受；老师才能更自然地呈现。教育教学的目的是“先成人再成才”，“成人”的教育即思政教育。所以，思政教育应贯穿、渗透到教学的每个环节。

“加工纸与特种纸”是一门专业选修课，再加上同一学期多门专业课同时开设，学生的重视程度不够；本课程是在大学三年级下学期开设，学生已具有一定专业基础。基于此种学情，在课堂教学中主要采用家族树式、项目研讨式等教学方法。

(一) 家族树式教学方法

家族树是以创建人为中心，以血缘关系为脉络，向祖辈和后辈两个方向扩展，可分为多个层次，同辈分的人在一个层次里面。此处借以构建中心知识点和零散知识点之间的关系如图 6-2 所示。使所学内容以相近、相似、相反、因果关联等方式由点汇集成线，再到面，以一个完整家族的面貌呈现于家族树上。家族树可以实现各散乱知识点间的关联，这种教学方式可以使学生在学习新知识时更容易联想到相近、相似、相反的知识，学习活动中，这种联想越活跃，对所学知识的掌握就越牢固。经常形成联想和运用联想可增强学生的自主学习能力和创新思维能力。

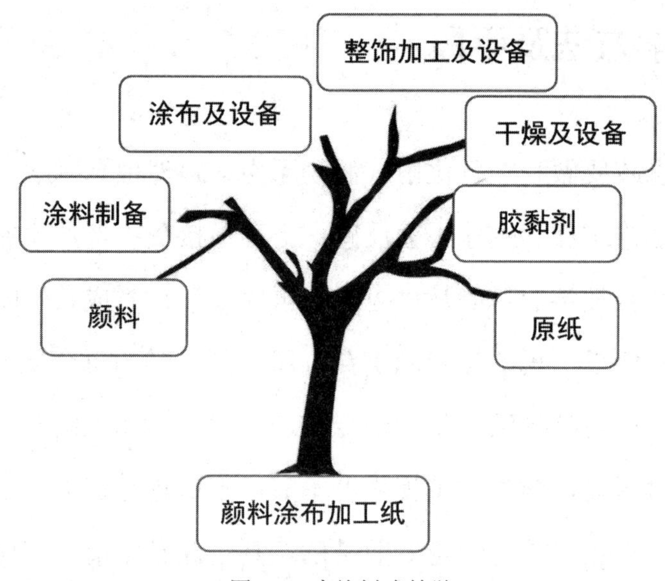

图 6-2 家族树式教学

(二) 项目研讨式教学方法

加工纸与特种纸并不是从造纸体系中独立出来的一个系统，而是与其应用技术共同发展起来的。既是传统造纸技术在特殊领域中的应用，又是传统技术的开拓和发展创新。课程知识具有前瞻性，与生产实际联系密切，在教学过程中以模拟项目研讨式教学一方面可引起学生的兴趣，另一方面更凸显了以学生为中心的教学理念，有助于提高学生的自主学习能力。

例如，在学习了颜料涂布加工纸的颜料、胶黏剂、辅助添加剂及涂料的制备过程后，让学生以项目经理的角色讨论、设计彩喷纸的涂料配方，设计步骤如图 6-3 所示。设计涂料配方，首先要进行事前的详细调研，以保证设计出的配方能切实满足生产的要求，这是设计涂料配方的第一步，有调查才有发言权；其次要确定颜料、胶黏剂及各种辅料的种类及用量，这一步保证单因素最优化；再次要进行涂料配方的验证、反馈和调整，目的是实现各成分之间的最佳配合。最佳配合的效果应当是 1+1>2 的协同增益效果，而不是单纯的两种物质优势作用的简单叠加。当今社会，随着知识经济时代的到来，各种知识、技术不断推陈出新，竞争日趋紧张激烈，社会需求越来越多样化，使我们在学习、工作中所面临的情况和环境极其复杂。在很多情况下，单靠个人能力已很难完全处理各种错综复杂的问题并采取切实高效的行动。而当我们组成团队，队员之间相互依赖、相互关联、共同协作，建立合作团队便可更有效地解决错综复杂的问题，依靠团队合作的力量创造无限奇迹。

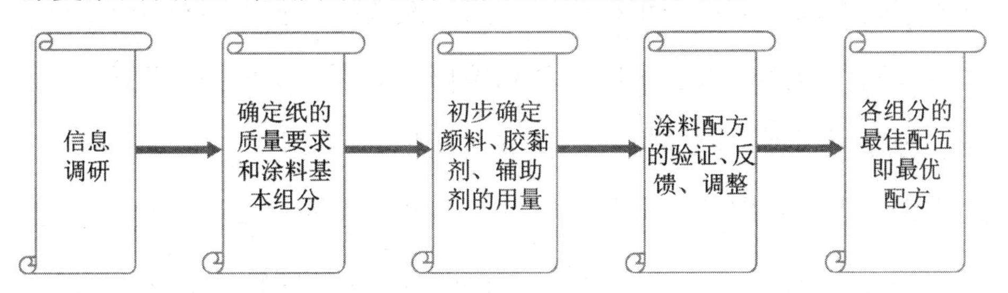

图 6-3　彩喷纸的涂料配方的设计步骤

四、教学效果

课程结束后，我们对学生进行了问卷调查，主要从教学方式、能否调动学习积极性、学习效果、学生主观能动性的发挥几个方面做了问卷，平均得分 85 分，得分情况统计如图 6-4 所示。

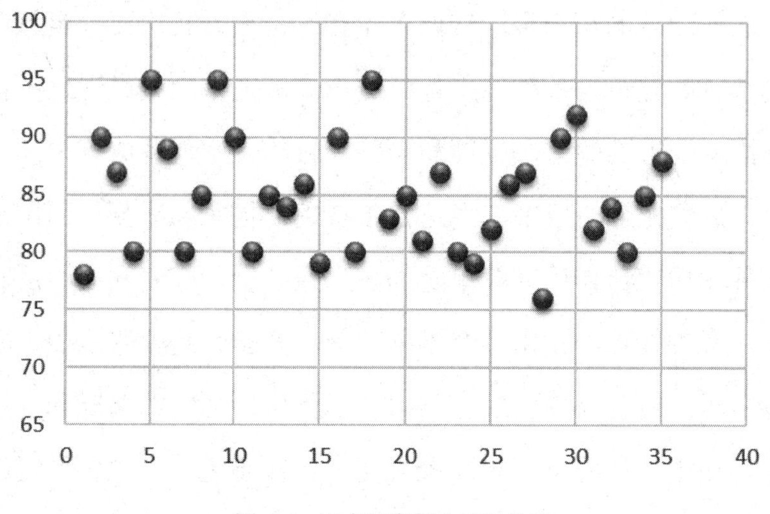

图 6-4 调查问卷得分情况统计

学生普遍认为：采用这种上课方式能有获得感和幸福感；专业知识也是有温度的；小事情也能折射大道理；在获得专业知识的同时也收获了很多做人做事的道理和感悟，老师跟学生的交流亦师亦友，分享了很多见闻与见解，拓展了视野。

得到学生肯定的老师是欣慰的，虽然上课前会设计好教学内容和教学方法,但在实际教学过程中往往会因情境的不同而即兴发挥。所谓“教学有法，教无定法。”只要老师秉承以学生为中心的教育理念，就会研发出很多不同的教学方法；只要老师有一颗积极向上、一切为了学生的心，教学方法总会源源不断涌现出来，教学效果也会越来越好。

制浆造纸分析与检测

姜亦飞

一、课程基本情况

“制浆造纸分析与检测”是轻化工程专业(制浆造纸工程方向)的专业学位课程，共 32 学时，在大学三年级上学期开设。

本课程的目的是通过学习制浆造纸实验分析方法和实验技能训练，培养学生分析问题和解决问题的能力，使学生具备初步科学实验的能力以及严谨的科学作风，加深对制浆造纸专业基本知识和基础理论的理解，并获得实际生产所需的分析检测操作技能(包括原料分析、纸浆分析、黑液分析、漂白分析及成纸的物理性能检测、造纸化学品分析等)，为将来实践工作打好基础。

在技能学习的同时，本课程坚持立德树人的根本教育理念，融入课程思政，使学生德才兼备，能够运用所学制浆造纸分析与检测相关知识服务产业、服务行业，有能力承担造纸行业工程项目中的重要任务，成为应用型高级工程技术人才。

二、德融教学设计及内容

（一）德融教学理念

教师作为德融课堂的实施者，首先应该建立正确的育人理念，不但做到“学高为师”，更要做到“身正为范”，所以对教师来讲，德融教学理念分为“学”和“教”。

1. 关于“学”的理念

何为“学高”？首先，教师本身要具有良好的专业技术水平。吃透教材是最基本的要求，因此，课前必须深入备课，同时，与平时的科研相互结合，在掌握基本知识的前提下，做到与时俱进。

其次，作为德融教学的实施者，专业技能学习仅仅是最基本的要求，更重要的是关于“德”的学习。德育的教育内容是多方面的，如科学精神、科学态度、团队意识、协作精神、奉献精神、中华传统文化及社会主义核心价值观等内容，这些都需要教师在平时的学习中不断积累。

2. 关于“教”的理念

我们不能将德融教育简单地理解为思想政治教育，把专业课上成思想政治课。德融教育的关键是身教重于言教，完善教师自身，做到“身正为范”，行胜于言，教师的言传身教对学生的成长成才有着非常重要的作用。所以，要求我们依据教材挖掘德育因素，找到教学内容与德育的结合点，精心设计教学内容和教学方式，并注重德育融入课堂的自然性，切勿空洞化、说教化、单一化。

德育的另一个特点是要动之以情，晓之以理，做到以情育人。因此，需要教师走进学生，了解学生，做学生的朋友，真诚地与学生交流。学生对教师有感情，自然就喜欢听教师的课，教学效果也就能有所提升，正所谓“亲其师，信其道”。在这种亦师亦友的状态下，完成对学生的育人工作，并做到寓德于教。

(二) 德融教学的设计及内容

“制浆造纸分析与检测”课程涉及的理论内容注重实际应用，在讲述过程中可以充分结合具体的名人轶事，同时也可以结合时事新闻及教师的亲身经历，将德育内容“润物细无声”地融入教学中。

本课程的德融教学设计和内容如表 7-1 所示。

表 7-1 德融教学设计和内容

章节	知识点	思政元素	实现方式
第一章 试样的采取与切断、原料水分的测定	原料的标准尺寸	责任感、职业道德和匠心精神：即使一个最简单的指标，也能体现出基本的专业素养。由此提升为把简单事做好做精更不易，做好做精了，即为匠心	结合生产实例，引申课堂讨论
第二章 蒸煮液配制及其测定	碱法蒸煮液的配置、烧碱法和硫酸盐法蒸煮液总碱的测定、烧碱法和硫酸盐法蒸煮液活性碱的测定、硫酸盐法硫化度的测定。重点掌握碱法蒸煮液活性碱、硫化碱的测定原理、方法和注意事项；同时必须掌握工艺计算	责任感、唯物论和辩证法：事物都是客观存在的，既有矛盾性又有统一性，蒸煮过程中各个组分随着量的变化都产生相关变化	由碱法制浆工艺是化学品与原料之间的相互作用来引申探讨
第三章 蒸煮实验设备及操作规程	实验室常用蒸煮设备、蒸煮实验方案的制订与蒸煮前的准备、蒸煮操作程序和浆料处理。蒸煮工艺的制订和相关计算	自我修养和责任感：蒸煮过程所需时长、操作工艺烦琐并有一定危险性	强调个人职业修养和责任感，并结合生产实例延伸讲解
第四章 蒸煮实验的检测	纸浆得率、浆料筛选、浆料筛分和纸浆硬度测定。重点掌握：高锰酸钾值和卡伯值的原理及测定方法	发现问题和挫折教育：所得产品可能跟预期不同，易产生挫败感	注重工科的特点，一切从事实出发，发现问题，分析问题，解决问题

(续表)

章节	知识点	思政元素	实现方式
第五章蒸煮废液的分析	黑液的相对密度测定、黑液的总固形物测定、黑液中的有机物和无机物测定、黑液中的硅含量测定、黑液中的总碱的测定、黑液中的有效碱测定，黑液中的硅含量的影响	发现问题和解决问题：黑液成分复杂，不同组分对工艺产生影响，分析并解决	通过实例讲解对于生产工艺过程的分析，及时发现问题，并思考解决方法
第六章漂液分析及制浆白度检测	漂白浆料的准备和水分测定、漂液制备及其测定、漂白工艺的制订及漂白操作。 次氯酸盐漂液有效氯和过氧化氢漂液的测定及残氯的测定；单段漂与多段漂差异；纸浆白度的测定	解决问题和协作精神：本色浆经过漂白后颜色问题解决，漂白涉及不同化学品的协同作用	强调团体协作精神，注重个体与集体的作用，提出解决问题的方法

三、教学方法及手段

“制浆造纸分析与检测”授课对象为大学三年级上学期的学生，此时，同学们已经接触了“植物纤维化学”“制浆原理与工程”“造纸原理与工程”等相关的核心专业课程，对于本专业已经有了具体的了解，同时也规划了自己的职业目标。但是也有部分学生未能进入状态，因此，应通过探讨不同教学方法，将德融教学与传统教学方法有机结合，给予学生积极的影响和教育。

教学方法包括教师“教”的方法和学生“学”的方法两大方面，是教授方法与学习方法的统一。“教”法必须依据“学”法，否则便会因缺乏针对性和可行性而不能有效地达到预期的目的。但由于教师在教学过程中处于主导地位，所以在“教”法与“学”法中，“教”法处于主导地位，教师应该对教学方法予以重点关注。

(一) 课程教学方式

(1) 通过课堂讲解、视频学习、课下搜阅资料等方式掌握基础知识；

(2) 通过课堂模拟蒸煮工艺计算，培养学生的工艺设计能力；

(3) 课堂教授采用多媒体与板书结合，启发式教学，培养学生的分析问题能力；

(4) 通过引入实际蒸煮案例的介绍，培养学生的工艺选择、运行管理和工程调试能力，增强学生工程意识，提高学生解决复杂工程问题的能力。

(二) 德融教学体现

新时期大学生的思想问题大都与实际问题密切相关，比如：人际、就业、升学、经济、情感等问题，这些实际问题得不到解决或没有解决彻底会成为思想问题的直接诱因。

孔子说过：其身正，不令而行；其身不正，虽令不从。学校无小事，处处是教育；教师无小节，处处是楷模，说的就是这个道理。

所以，在专业课学习的同时，要时时将德育融入其中。

1. 德育切入点

以原料尺寸测量为例。

注重专业课程与实际生产之间的联系，激发学生的学习兴趣，提高学生的学习主动性。造纸原料种类多，合格尺寸的把控对生产有着重要的影响，一个小小原料的尺寸如果把控不好，导致最终得不到我们想要的产品。由此引申出“小”即是“大”的讨论，强调在工作中，从点点滴滴做起，要有强烈的责任感和职业道德，并从小事做起，将小事做精，体现出匠心精神。

再以蒸煮液的配制为例。

《吕氏春秋•用众》有言：物固莫不有长，莫不有短。人亦然。故善学者，假人之长以补其短。汉•王褒《圣主得贤臣颂》：“若尧、舜、禹、汤、文、武之君；获稷、契、皋陶、伊尹、吕望之臣；明明在朝；穆穆列布；聚精会神；相得益彰。”此也是成语取长补短、相得益彰的出处。而合理蒸煮化学品的配制即是取长补短、相得益彰的完美体现，选取既符合经济价值又能相互弥补反应缺陷的化学品，协同处理造纸原料，最终得到合格浆料。在整个蒸煮液配制过程中，充满了唯物论和辩证法的思想，只有做到辩证统一，才能得到最佳方案。同时，也说明了每个人都有长处，有不足，取长补短，合作共赢是发展的趋势。在团队合作中，做到优势互补也是团队战斗力的体现。

2. 德融教学的内容

结合以上所举实例，本课程德融教学的主要内容包括责任感、职业道德、匠心精神、唯物论、辩证法、自我修养、挫折教育、发现问题和解决问题，以及协作精神。

四、教学效果

通过在课程学习中融入相关德育内容，在教学过程中注重学生个人基本素质的培养，引导学生树立正确的价值观，建立求真务实的科学精神，培养学生爱岗敬业的职业素养，激发学生报效祖国的家国情怀。

通过这些元素的加入，培养了学生的学习兴趣，学生有了兴趣，更加激发了教师的工作激情，形成了良性的“教”“学”循环。

同时，在德融教学过程中，也深刻体会到“教书育人”，不是一朝一夕、一蹴而就的事情，所谓“十年树木，百年树人”，在教学这条路上，我们需要不断探索思考。

制浆造纸助剂

王慧丽

一、课程基本情况

“制浆造纸助剂”是轻化工程专业(制浆造纸工程方向)的专业核心课，共 32 学时，2 学分，在大学三年级下学期开设。

教学内容包括制浆造纸助剂的基本概念，常用制浆造纸助剂的种类、作用原理及应用特点等内容。

课程的教学目标分为三部分，分别是知识目标、能力目标和素质目标。

【知识目标】掌握制浆造纸助剂的基本概念、原理、常用助剂种类及应用特点等，能够利用基础知识分析制浆造纸助剂应用过程中存在的问题。

【能力目标】能够根据掌握的基本知识，并结合文献检索与查询，分析并提出制浆造纸助剂全程生产应用设计问题，解决制浆造纸助剂应用中的复杂工程问题。

【素质目标】培养学生勇于探索、团结合作、科学严谨的精神，培养学生的爱国理念，帮助学生树立正确的价值观。

二、德融教学设计及内容

根据制浆造纸助剂课程特点，结合课程思政教育工作需要，以制浆造纸助剂基本理论、基本知识和技能为主要内容，强化课程教学的思政元素，培养学生勇于探索、团结合作、科学严谨的精神，培养学生的爱国理念，帮助学生树立正确的价值观。

本课程的德融教学设计和内容如表 8-1 所示。

表 8-1 德融教学设计和内容

章节	知识点	思政元素	实现方式
第一章 绪论	助剂分类、基本概念、国内外助剂发展现状与展望	提升学生民族自豪感，激发参与创新研究激情	行业发展、国际地位介绍，提升学生专业、民族自信心
第二章 造纸用水溶性聚合物	造纸用水溶性聚合物种类、合成及应用	提高学生信息提取能力，培养发现问题、解决问题的能力，提升认知格局，培养全局意识	通过聚合物行业间应用的横向对比，科技文献查阅及撰写训练等，扩展学生知识应用的全局视野
第三章 制浆化学品	蒸煮、漂白、废纸脱墨剂及其他制浆助剂	培养学生查阅、总结文献能力，提高自学能力，培养团结合作精神	结合先学课程，分组设置范围，以翻转课堂的形式，提升学生综合素养

(续表)

章节	知识点	思政元素	实现方式
第四章 施胶剂	施胶剂种类、基本要求、各种施胶剂作用原理及特点	培养学生实事求是的科学精神，促进学生积极主动学习	以纸张抗水性问题实例，引导学生积极思考、学习、解决问题
第五章 助留剂和助滤剂	纸料留着机理、常用助留助滤体系	培养学生科学严谨的态度，激发学生探究万物关联及其蕴含的哲学思想	结合纸料胶体组分间相互作用规律与效果，引导学生探究微观与宏观事物间的关联
第六章 增强剂	增强机理、常用增强剂	提高学生环保意识，提升学生社会责任感	引入纸制品生活应用问题，进行专业与社会关注热点结合的问题讨论

三、教学方法及手段

本课程授课对象为大学三年级学生，已经完成专业基础课及部分专业课的学习，对专业有了一定认识，对深入学习专业知识的方向感及迫切性尚不明确，存在专业学习浮躁、没有目标的情况。针对学生专业学习中普遍存在的问题和现象，本课程有针对性地在德融课堂上采用翻转课堂、案例探究、热点问题讨论及现代科技手段融入等方式，给予学生适当的引导与教育。

(一) 翻转课堂

利用翻转课堂，调整课堂内外时间，将学习的决定权由教师转移给学生。充分利用所学专业课程，引导学生将“制浆原理与工程”课程已接触的制浆助剂部分内容，结合期刊、网络等资料补充学习、总结并归纳指定内容，以小组形式组织学习材料；再到课堂上，学生以主讲人角色参与教学活动，以提问、解惑、探究等形式开展学生和教师间的互动。

在这种教学模式下，教师不再以主讲的角色占用课堂时间来讲授课程知识，这些知识需要学生在课前完成自主学习，这样才能充分利用课堂内的宝贵时间进行研究。在课下，学生通过已学课程回顾、查阅资料、总结提炼资料信息、小组讨论的形式，提前对指定内容学习并形成讲稿，设计教学。在课堂上，学生在指定时间内完成讲授，并开展学生间、师生间的讨论与质询，使学生能够更专注于主动的基于项目的学习，共同研究解决制浆助剂相关内容，从而获得专业知识更深层次的理解。

翻转课堂教学方法是与混合式学习、探究性学习、其他教学方法和工具有所重叠的一种教学方法与手段，能够让学习更加灵活、主动，学生的参与度更强，能够有效达到提高学生查阅总结文献的能力、自学能力、团结合作精神等教学目标。

(二) 案例探究

设计几个助剂应用场景为案例研究课题，引导学生通过期刊数据库系统地收集资料和数据，并展开深入研究，用以探讨某一助剂在制浆造纸生产中应用的状况，每个学生最终以科技综合论文的形式呈现研究报告。

在教学过程中，对助剂单一的理论及应用讲解往往不能在学生脑海中形成鲜明的印象，通过应用案例设置，要求学生回答某一助剂(如施胶剂)“为什么用”“用哪种”“用在哪”“如何用”及“应用结果如何”等研究问题，在回答问题的过程中掌握制浆造纸助剂应用过程中的逻辑问题，掌握特定的资料搜集和独特的资料分析方法，并了解与掌握科技论文的撰写方法及规范要求。

(三) 热点问题讨论

纸张在生活中应用广泛，品种繁多，各纸种性能特征差异较大。不同纸张除了生产工艺有差别之外，制浆造纸助剂在生产中的合理利用，也是不同纸种生产的关键所在。教师在本课程讲解过程中，结合生活中常见纸张性能，讲解助剂的特性、应用效果，强化专业理解；结合学生作为纸张消费者的感受，引导学生展开助剂应用对纸张性能、对人体健康及环境保护等社会关注问题展开讨论。

教师在课程讲授中，进行湿强剂、助留助滤剂及施胶剂的性能及应用讨论。例如，通过引导学生思考卫生纸、钞票纸等纸种应用性能特点，进行纸张湿强剂的讨论，通过思考论证，使学生深刻理解不同湿强剂的作用原理、使用特征、纸张纤维回用等问题。通过讨论使学生认识行业与环境保护的关系，进一步提高学生的环保意识，提升学生的社会责任感；通过讨论学习，增强学生科学严谨的精神，激发学生探究万物关联及其蕴含的哲学思想。

(四) 现代科技手段融入教学

当今世界已进入高科技的社会，现代高科技产品无处不在，转变传统的教学观念，在教学中灵活运用科技产品与手段，能够有效提高学生的学习兴趣，提升教学效果，同时达到有效引导学生正确使用电子产品提升个人综合素质的效果。

本课程在授课过程中，充分融入网络授课、手机教学、数字化管理等手段。网络教学是信息时代的产物，是实现终生教育的最佳手段，通过引导学生网络学习，既可以使学生方便快捷地收集和整理教学信息，又可以让学生形成利用网络进行工作和学习的习惯，从而在知识高速发展的时代能够紧跟时代步伐，随时进行知识更新。课程教学中，融入网络课程学习、网络信息收集等内容，如造纸工业年报，国内外行业发展现状，国内外主要制浆造纸助剂跨国公司产品及历史等。通过网络学习，结合课堂讲解，展示中国造纸在国际领域中多年产量及消费量稳居第一、先进生产线及生产技术等视频及行业信息，使学生提升专业认可度，提升民族自豪感，进一步激发学生参与行业科研及创新的激情。

另外，通过在课程授课中引入二维码、微信、QQ 等学生喜爱的即时通讯软件，增进师生间的即时交流，引导学生积极融入课堂教学，活跃课堂气氛，提高教学效果。

四、教学效果

本课程涉及化学知识相对较多，一些内容相对晦涩，学生学习的积极性不高，如采用传统课堂讲授的方法，学生接受知识较难。另外，早年行业形象的影响导致部分学生的专业认可度较低，部分学生专业学习态度低迷。德融教学的改进及融入，有效地改善了这一现象，在教学中取得了良好的效果。

首先，学生学习态度积极，课堂氛围得到了明显的改善。单纯的助剂化学知识讲解晦涩，学生不易接受，在授课过程中融入生动、真实的案例及问题讨论，活跃了课堂氛围，开拓了学生思维，师生互动增加，学习效果增强，使学生从被动学习转变为主动学习。

其次，课程理解度增加，学生的专业认可度提高。教学过程中通过案例探究、热点讨论、现代科技手段的融入等方法，使学生深刻体会到所学专业的实用性，学生认识到所学专业课程与个人生活、人生经验、社会发展等息息相关，专业课学习有动力，有目标。

最后，学生综合能力有所提高。通过课程中提出和解决问题，以及论文写作的锻炼，强化学生的科研作风，提高了学生查阅资料、总结归纳、解决问题、终身学习的能力；通过翻转课堂、课题讨论等锻炼，提高了学生团队协作能力；通过对社会热点问题的讨论与解决，提高了学生对社会、环保等问题的意识。

生物质能与生物质综合利用

陈晓倩

一、课程基本情况

“生物质能与生物质综合利用”是轻化工程专业(制浆造纸工程方向)的通识教育选修课，共 32 学时，2 学分，在大学三年级下学期开设。本课程主要通过课堂理论讲授结合专题讨论来完成教学任务，主要教学形式为多媒体授课和小组研讨。

本课程的重点教学内容为生物质能源工程的基本理论和技术进展，包括生物质的物理转换方式、生化转化技术、热化学转化技术；生物质资源的高效、综合利用技术，包括纤维素、木素、半纤维素、淀粉、蛋白质、甲壳素等的综合利用及高附加值产品的生产技术。课程目标是在了解当前生物质能源和资源利用的特点、优势、现状和发展前景的基础上，掌握生物质的化学组成与化学结构及其综合利用途径；掌握生物质能及生物质资源综合、高效、清洁利用的基本原理、基础知识和基本方法。通过本课程学习，可开阔学生的眼界和思路，促进学生综合素质的提高。

二、德融教学设计及内容

本课程主要从以下方面进行德融教学设计：从教学内容中挖掘德融教学点；在教学过程中提高学生工作能力、组织能力、决策能力、应变能力和创新能力等素质；在考核过程中加强学生的德融教学学习效果。目的是在增长知识的同时提高学生的个人素质和为人处世的能力，将学生的综合素质培养渗透到课程教学过程中，使专业课教学由单一的知识传授转向“多维一体”的全面课程育人。

（一）熟悉教学内容，构建结构明确的课程体系

“生物质能与生物质综合利用”本身是一个专业性较强、与日常生活关系较远的课程，如何引导学生兴趣，突出课程重点，理论联系实际，将专业性较强的知识变成有亮点有魅力的课程，引导学生求知求精的兴趣？我们首先需要将全部教学内容划分四个章节：一、能源、资源与环境；二、生物质能转化利用技术；三、生物质资源的综合利用；四、固体废弃物综合利用与资源化。首先从地球上的能源来源讲起，结合世界及我国的资源短缺和水环境污染状

况，增强学生的忧患意识，引导学生对持续发展的思考，激发学生学习本课程的兴趣，然后提出解决能源危机、降低环境污染的课题方向“生物质能与生物质综合利用”，从技术的发展史讲起，逐渐提出生物质资源的综合利用与固体废弃物综合利用与资源化的方向，掌握课程起源与历史发展，以及现在所取得的成就，同时培养其科学规范的职业道德和严谨认真的科学态度。

(二) 营造“身临其境的环境危机”氛围，进行德融教育

在课程教学过程中,通过以下三方面将德育内容引入教学过程。第一，将能源、资源与环境的现状呈现在大家面前；第二，讲述科学发展过程中科学家对解决危机所做出的努力和成果；第三，要求学生保持思考和兴趣。在教学过程中达到“润物细无声”的效果，培养积极向上的品德、直面困难的勇气、勇于钻研的精神，增强学生的家国情怀。

1. 兴趣是起点，唤醒学生参与意识

本课程以能源资源危机、环境污染为切入点，结合疫情给世界发展带来的思考，使学生感受到对能源资源科学利用，以及环境保护迫在眉睫的形势。结合生物质资源与能源的综合利用，推进乡村振兴战略，加强乡村人居环境整治和公共卫生体系建设；以保护野生动物为出发点，在实践中唤醒人们的生态良知，加强生态道德建设，提升公民生态道德素养，为美好生态生活奠基。

2. 授业解惑，思考才能进步

教师和学生之间相互尊重，认同各自的社会身份所背负的责任；同时在整个教学过程中进行一对一、一对多的交互式互动交流，教师全程陪伴学生，通过教师自身的自信、乐观、积极的态度给学生正面的示范力量。

3. 结果重要，过程更重要

在考核时将平时的过程性评价与期末的总结性评价有机结合，重视对平时学习过程的监管，避免“一考定终身”。要求学生不得抄袭，在学习、测试过程中要保持诚信。除期末考试外，课程还增加了网络学习进度及反馈，网络在线测试、设计作业完成情况，项目式作业互评等多种评价方式和评价内容。在项目式作业中引入学生互评，使学生可以及时了解其他学生的长处，取长补短；在考核过程中，及时公布各种考核结果，及时的反馈能够更有效地指导和促进教学，有利于教师在教学过程中不断调整教学设计，学生在课程学习过程中不断发现自身不足，进行持续改进。

三、教学方法及手段

(一) 案例法

学习是从点到线，从线到网，从网到面的过程。认识是一个逐步深化的过程，案例教学的方法在课程中的教学应用，势必产生事半功倍的学习效果。

1. 鼓励学生独立思考

为了避免传统教学方式的乏味无趣，提高学生的积极性和学习效果，案例教学注重学生自己去思考、去创造，使枯燥乏味的学习过程变得生动活泼。

2. 重视双向交流

案例教学需要学生拿到案例后，自己进行分析，通过查阅相关的理论知识，主动对知识进行理解，然后提出解决问题的方案。这也促使老师加深思考，根据学生的理解补充新的教学内容。

3. 引导学生将注重知识转变为注重能力

教育的最终目的是把知识转化为能力。学生一味地学习书本的死知识而忽视实际能力的培养，会成为阻碍自身的发展的巨大障碍。教书育人的本身是重实践、重效益的，案例教学正是为此而生，可以引导学生将注重知识转变为注重能力。

本课程的德融教学设计和内容如表 9-1 所示。

表 9-1　德融教学设计和内容

章节	知识点	思政元素	实现方式
第一章 能源、资源与环境	生物质资源的分类，生物质资源的重要性，生物质资源的利用途径；能源、资源与环境的关系；生物质产业的现状和发展前景	从地球上的能源来源讲起，结合世界及我国的资源短缺和水环境污染状况，增强学生的忧患意识，引导学生对可持续发展的思考，激发学生学习本课程的兴趣，然后提出解决能源危机、降低环境污染的课题方向“生物质能与生物质综合利用”	图片教学，视频教学
第二章 生物质能转化利用技术	生物质的物理转换方式、生化转化技术、热化学转化技术	结合目前农村秸秆焚烧的环境污染问题，向学生介绍秸秆沼气技术和秸秆发电技术，实现秸秆的资源化利用，更好地响应政府号召，让学生加深对推进乡村振兴战略，加强乡村人居环境整治和公共卫生体系建设的理解	讨论式教学，图片教学，案例法教学，视频教学
第三章 生物质资源的综合利用	纤维素、木素、半纤维素、淀粉、蛋白质、甲壳素等的综合利用及高附加值产品的生产技术	结合疫情给世界发展带来的思考，使学生感受到对能源资源科学利用，以及环境保护迫在眉睫的形势	图片教学，讨论式教学，视频教学
第四章 固体废弃物综合利用与资源化	生物质固废的来源及生物质固废的综合利用技术	使学生准确地掌握固废的处理处置方法，并且初步掌握处理与资源化的各种工艺系统，为学生今后进行固体废物处理与资源化的工程设计、科学研究及运行管理打下良好的基础，培养符合社会发展需要的全方面优秀人才，以适应现代化社会发展趋势	图片教学，讨论式教学，视频教学

(二) 头脑风暴法

根据课程历史进步与现有成果，引导学生以“当时的问题与处境”为话题，进行深度思考。所谓头脑风暴法就是小组在正常融洽和不受限制的气氛中以会议的形式进行讨论、座谈、打破常规，充分发表意见。适用的头脑风暴法应遵守如下原则。

(1) 延迟评判原则。对各种意见、方案的评判必须放到最后阶段，此前不能对别人的意见提出批评和评价。认真对待任何一种设想，而不管其是否适当和可行。

(2) 自由畅想原则。欢迎各抒己见，自由鸣放，创造一种自由、活跃的气氛，激发参加者提出各种荒诞的想法，使与会者思想放松，这是智力激励法的关键。

(3) 以量求质原则。追求数量。意见越多，产生好意见的可能性越大，这是获得高质量创造性设想的条件。

(4) 综合改善原则。取长补短，探索改进办法。除提出自己的意见外，鼓励参加者对他人已经提出的设想进行补充、改进和综合，强调相互启发、相互补充和相互完善，这是智力激励法能否成功的标准。

(5) 求异创新原则。这是智力激励法的宗旨。

(6) 限时限人原则。

有时候真正的答案并不重要，但这些想法背后的推算过程有时可以带给我们意想不到的惊喜。一场有效的头脑风暴不仅可以增强学生勇敢面对、果断参与、坚持自我的能力，还可以快速提升团队的创新思维和凝聚力。

四、教学效果

思政课程使专业课程与思想政治理论课同向同行，形成协同效应，打破长期以来思想政治教育与专业教育相互隔绝的“孤岛效应”，将立德树人贯彻到课堂教学全员全程全方位之中，授课过程不再是硬性灌输，生硬地直接给出结论，而应由近及远、由表及里地引导学生理解社会制度的历史性变革和国家取得的历史性成就，在扎实的文献研究和社会调查的基础上，把家国情怀自然渗入到课程的方方面面，达到润物无声的效果。

生物质资源化利用技术

林兆云

一、课程基本情况

“生物质资源化利用技术”是轻化工程专业(制浆造纸工程方向)的专业基础选修课，共 24 学时，1.5 学分，在大学三年级开设。

本课程主要讲授生物质、生物质能、生物质资源转化技术及生物质基化学品和材料的相关知识内容。对生物质的开发利用是对多学科的理论、技术和生产知识的有机整合。

本课程的教学目标：使学生了解国际能源形势和生物质在可再生能源、资源供应中的地位；初步掌握生物质资源的生产与再生产；生物质能源、化学品、材料转化的原理和典型技术；树立资源可持续利用的观念，为生物质资源利用方面的科学研究和技术开发打下基础。

本课程的教学内容和教学目标决定了其与时俱进和实践性鲜明的特色，适合与德育元素相融合，这就要求在进行知识传授的同时，兼顾培养学生对改善和保护生态环境的社会责任感、科学发展的学习视角、健康坚定的创新意志。

二、德融教学设计及内容

通过对教学目标和教学内容的深入分析及优化设计，我们将专业知识和德育教育进行了有机结合，在讲述理论知识的同时穿插德育内容，希望在激发学生学习专业课热情的同时，将思想道德教育春风化雨地融入学生的心中。

结合课程特点，本课程的“德融课堂”教学设计主要从以下几个方面进行考虑。

(1) 课程主要介绍生物质资源转化利用技术，我国在这方面的研究起步晚、发展快，且目前的生物质资源利用率仍很低。因此在介绍课程内容时，可根据目前的国情特点，环境保护的相关政策内容，激发学生的学习兴趣和热情，深刻认识加强生态文明建设的重大意义。

(2) 课程涉及的很多生物质转化利用技术的理论、原理与最新科学研究进展密切相关，因此在进行课程理论教学时，可进行适当的延伸与拓展，介绍最新的科学研究发现，拓宽学生的眼界，了解最新的国际科研动态，培养开拓进取的创新意识和创新精神。

(3) 在介绍生物质基新材料和新能源时，要介绍目前国内外的发展现状，可以重点讲述我国的发展历史以及最新技术进步，增强学生的国家自信心和自豪感，培养学生的爱国主义情怀。

本课程的德融教学设计和内容如表 10-1 所示。

表 10-1　德融教学设计和内容

章节	知识点	思政元素	实现方式
第一章 生物质和生物质能源	生物质和生物质能的特点	了解国家对于可再生能源的开发支持力度，科技创新和开发可造福于民，优化能源结构	引入相关政策，进行数据分析和研讨
第二章 生物质的组成性质及转化利用方式	生物质的化学组成及热化学性质；生物质的转化利用技术	以人为本，全面协调的可持续发展观	启发式
第三章 林木生物质直接液化技术	生物质直接液化技术的定义、原理及产物	学术钻研精神，科学发展观	类比式
第四章 林木生物质快速热解技术	生物质快速热裂解技术的定义、原理及产物	独立自主，创新求实	案例式
第五章 林木生物质气化技术	生物质气化技术的定义、原理及产物	增强责任意识、团队合作意识	问题导向式
第六章 林木生物质压缩成型技术	生物质压缩成型技术的定义、原理及产物	踏实笃定，培养正确的道德观和价值观	案例式

(续表)

章节	知识点	思政元素	实现方式
第七章 生物质生化转化技术	生物质生化转化技术的定义、原理及产物	了解中国工匠精神，鼓励不断创新	小组讨论
第八章 生物质液体燃料制备技术—生物柴油	生物柴油的生产原理及产品提质升级	培养宏观意识形态，培养学生成长的基本素质	案例式
第九章 生物质制氢技术	生物质制氢的原理	培养思辨性思维	启发式
第十章 生物质复合材料	纤维素、半纤维素和木素的改性方式和应用	树立远大的理想信念，创造有价值的人生	启发式，类比式

三、教学方法及手段

思政课教学由外延式发展走向内涵式发展，是提高教师的“教”与学生的“学”同向发力的重要发展思路。内涵式发展以满足学生的现实需要为出发点，进行理想信念教育，而结合需求进行价值引领是思政课教学的发力点。因此，需要采用合适的教学方法及手段来切实提升思政课教学质量，实现德融教学目标。本课程主要采用以下方法和手段来进行德融教学的开展。

(一) 案例教学法

通过身边的案例，将抽象的理论置于具体的生物质转化案例中加以阐述的方法。在整个过程中，老师主要起协助的作用引导学生发现问题，学生则作为探索和研究学习的主体。

例如，在讲述林木生物质快速热裂解技术时，以玉米秆的快速热裂解为例，建立热重—红外、热重—质谱联用等在线热解装置，分析各组分的热解特性及热解产物的生成规律，并全面分析生物油的组成和结构，根据课题给出相关图表数据，激励学生查找资料，对数据分析进行小组讨论学习。随着学科交叉融合的快速发展，要求学生掌握和了解的理论越来越多，也需要学生有扎实的基础理论。因此，通过案例分析法教给学生查找文献材料的方法，达到复习、加深巩固和拓展延伸的效果。而延伸思维的形式对学生学习方法、思维模式、情感态度及价值观的养成具有重要意义。

(二) 问题导向教学法

问题导向教学法是一种以问题设计为导入点，以教师为主导、以学生为主体、以探究为主线，通过教师引导作用，使学生主动合作、交流、探究并最终给出结论，从而达到理解和掌握新知识点的方法。

例如，在讲述林木生物质快速热裂解技术时，以玉米秆的快速热裂解为例，抛出问题：原料在快速热裂解前如何进行预处理？影响快速热裂解的因素有哪些？热解产物生物油的成分有哪些？根据讲解内容，针对重难点设计环环相扣的系列问题，引导学生步步深入并掌握课程重点知识，与此同时教师要注重学情分析，适时提出能激发学生好奇心和求知欲的问题，引导学生主动思考，寻找答案，从而培养学生解决问题的能力。除外，教师还要鼓励学生团队合作进行小组讨论，培养思辨能力，培养学生团队协作、精益求精的学习习惯和生活态度。

(三) 类比教学法

类比教学法是类比推理的具体应用，即在教学过程中把新知识和记忆中结构相类似的旧知识联系起来，通过类比推出未知对象具有的相关性质。类比教学法有助于教师构建生动、逻辑缜密、连贯的学习思维，有助于发展学生求异性思维的能力，从而深化对教学内容的理解。思辨是思维品质培养的一个重要方向，而在教学过程中恰如其分的类比思辨，可以引发学生对知识点、对事物进行多角度的分析，从而产生更全面和深刻的认识。

例如，在讲述生物质热化学转化技术中的气化技术时，类比生物质快速热裂解技术，分析其反应温度、反应历程和生成产物之间的区别？通过对旧知识的回顾类比，给学生创造“最佳思维环境”，搭建新旧知识之间的桥梁，激发学生的积极主动性，寻求新旧知识的联系，从而主动驾驭学习内容，发掘问题的本质。通过类比学习，提高学生挖掘问题的能力，有助于形成知识网络，强化学生理解问题的能力。

四、教学效果

通过课程中的德融教学，使学生在宏观上对于学习和科学发展有了更加清晰和深刻的认识，培养了学生主动、客观和思辨的学习习惯。课程中配以知识案例教学，让学生既能了解我国资源和能源利用的发展现状，又能将德育教育变得生动、立体，充分调动学生的热情和兴趣。

在进行案例教学的同时，鼓励学生主动上台展示他们总结的材料和 PPT，一方面提高了学生搜集材料的能力和在课程上的参与度；另一方面也提高了学生在知识维度上的扩展，加深了对我国能源发展局限性的认识。加之德育教育的融入，有利于引导学生树立正确的世界观和价值观，培养学生的爱国主义情怀，同时促进学生深入思考问题。

高分子化学与物理

齐乐天

一、课程基本情况

“高分子化学与物理”是轻化工程专业的专业基础必修课，共40学时，2.5学分，在大学二年级下学期开设。

本课程通过对高分子化学及物理内容的讲授，使学生掌握高分子科学的基本知识、基本原理和基本方法，并具有设计高分子合成和物理力学性能测试的能力。课程主要内容包括高分子化学和高分子物理两大部分，其中：高分子化学包括聚合物的基础性质、聚合机理和方法等；高分子物理包括聚合物的结构与性能等。

本课程是轻化工程专业学生的专业基础课，肩负着引导学生知识架构由通识基础知识向专业知识过渡的任务。因此，掌握正确的专业课学习方法、建立工程思想并为后续专业知识的学习做铺垫，是本课程教学过程中的重点。本课程的学习可为后续专业课程的学习及相关课程设计、毕业论文和毕业设计等环节奠定重要的基础。

本课程的教学目标分为三部分，分别是知识目标、能力目标和素质目标。

【知识目标】掌握高分子化学与高分子物理的基本理论和知识，熟悉基本的计算方法。

【能力目标】能够运用高分子化学与高分子物理的基本原理，分析高分子材料的结构与性质。

【素质目标】提升综合素质，培养严谨认真的科学态度、守时规范的意识，建立工程思想。

二、德融教学设计及内容

轻化工程的专业理论课教学是其专业人才培养的关键阶段，如何将原有的基础化学、物理、数学和计算机等基础知识运用到专业课程中，使学生更好地学习专业课程、提升综合素质是本课程教学过程中要解决的关键问题。为此，本课程在理论教学过程中结合课程内容和特点，主要通过实例分析、课堂讨论和小组课题等形式，使教学内容逐步由基础知识向专业知识过渡，同时实现由理论学习到实践应用的延伸。课程教学通过优化教学内容，有意识地加入思政元素，增加团队合作环节，突出了工科学生团队意识与合作能力的培养，提高了学生的综合素质和团队合作能力。针对目前大学生普遍存在社会意识、责任意识、团队意识和创新意识欠缺的问题，本课程立足于课程的专业教学内容，以学生为中心进行教学改革，通过教学内容的调整和教学方法的改进来挖掘德育切入点，以便将品德教育融入课堂，逐步实现学生专业素质、职业素养和道德品质的全方位提升。

在教学内容上，通过将高分子科学发展史与事物发展的基本规律相联系，引导学生理性地思考和积极讨论，在学习过程中逐步建立正确的科学观、人生观、价值观和世界观。同时，教学过程中注意穿插社会热点事件和经典案例的分析，以启发式的教学，引导学生积极主动地思考科技与人类社会的关系，建立人类命运共同体的思想、弘扬社会主义核心价值观。

在教学方法上，课上通过课程讲解、实例分析、课堂讨论和小组展示等多种手段丰富课程内容、活跃课堂气氛并激发学生的求知欲。课下通过课后作业、开放式课题、小组项目等形式，将课程教学延续，激发学生自主学习的欲望，提供学以致用的机会。通过以上方法，在扩展课堂内容的同时培养了学生学习知识、掌握知识、独立思考、团队配合和解决问题的能力，将立德树人的教育思想、严谨认真的理念传递给学生，从而深化课程内涵、促进学生综合素质的全面提高。

表 11-1 以本课程高分子化学部分教学内容为例，展示了本课程的德融教学设计和内容。

表 11-1　德融教学设计和内容

章节	知识点	思政元素	实现方式
第一章绪论	高分子科学发展史	事物发展基本规律，思辨能力	回顾高分子科学的发展史，阐释包括高分子在内的新科技的产生都是一个由量变积累到质变的过程；高分子科学的发展也符合事物发展螺旋上升式的基本规律
第二章缩聚及其他逐步聚合反应	分子量控制及分子量分布，聚合度计算公式	正确的科学观、价值观、世界观，辩证思维	以生产实例的分析阐明理论计算的重要性。在工业实践中通常为连续生产，高质量的产品需要稳定的进料、出料及温度、时间等反应条件的控制，因此需要扎实的专业功底，以及严谨、认真、负责的态度才能维持生产的进行
第三章自由基聚合	单体结构决定聚合形式	科学精神，严谨、创新，实事求是	以聚乙烯的意外发明小故事为例，说明科研从业人员需要有科学严谨的态度和勇于创新的思维，同时大胆假设，小心取证
第四章离子型聚合和配位聚合	阴、阳离子聚合和定向聚合反应的机理和应用	爱国精神，民族自豪感，社会主义核心价值观	布置“了解我国高分子相关产业发展情况”的课后作业，辅以课堂讲述我国的高分子工业发展史，使学生了解新中国成立以来工业发展不易，从而更加坚定对党的领导的自信；通过讲述我国高分子领域的现有成就及国际地位，鼓励学生掌握核心技术，增强民族自信
第五章共聚合反应	共聚物组成的控制方法	团队意识、协作能力	布置专业性小组课题，由学生组队自行选定一种常见共聚物，通过查阅资料来分析其生产、应用情况，最后形成团队小论文并做课堂报告。在小组项目的完成过程中深化了教学内容的理解，同时提升团队意识及合作能力
第六章高分子的化学反应	聚合物的降解、老化，以及影响老化因素	责任精神，人类命运共同体	通过社会热点“回收塑料”事件的回顾分析，说明高分子材料与日常生活息息相关，材料的质量关乎人民群众的健康、安危。阐明技术的研发、产品的生产和应用均需要严格把控，提升学生的社会责任感

三、教学方法及手段

本课程中“德融教学”的实施主要从“教”与“学”两方面着手，通过教学内容和教学方法的调整与改革，充分调动学生的主观能动性，激发学生的求知欲，建立终身学习、自主学习的理念，从而有利于实现学生自主建立立德树人的目标。图 11-1 简述了本课程的课程结构，课程的学习内容主要以知识点为线索进行拆分，实行模块化教学，针对各模块内容整合线上、线下学习资源。课程的教学内容包括教师讲述、学生自学、案例分析、小组课题和论文研讨五大部分。本课程课上教学内容主要由教师教授主干教学内容，配合线下的教学方法，融合课程思政元素进行；课下自学部分主要采用学生自学的方法，利用线上教学手段结合课程思政元素进行，其中重点采用小组课题的方法，使学生主动地参与到教学过程中。

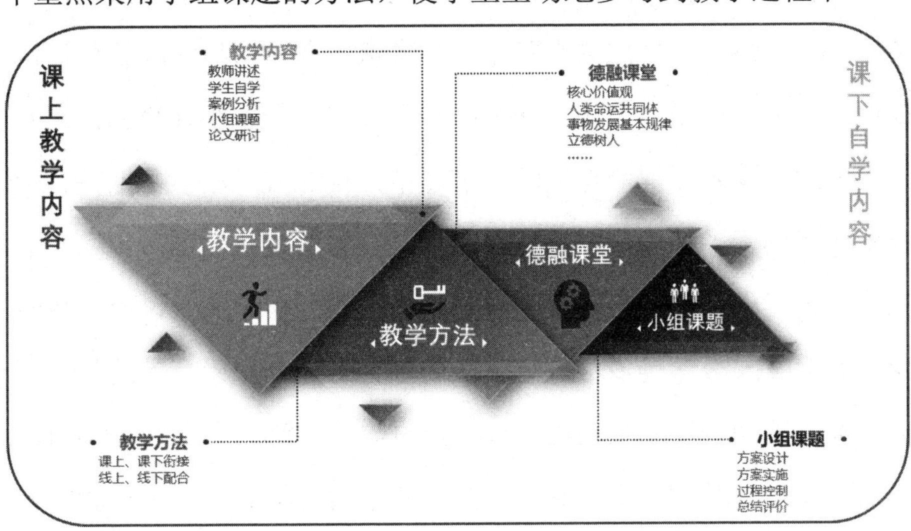

图 11-1　课程结构

在德融课堂模块中，将课程思政元素融入课上、课下教学，具体方法如下。

（一） 课上教学方法的调整

课堂讲授的方法最为简单、直观，通过教师的现场讲解将重要知识传授给学生。教师可以在讲授过程中结合知识点适当地进行扩展和延伸，融入课程思政元素，将科学研究中的探索钻研、严谨负责和协作创新的精神在潜移默化中传递给学生。但“德融教学”本质上应是“以人为本”“以学生为中心”的教育，仅靠教师的单向输出未必能使学生有效地接受与领会。因此，一个理想的“德融教学”过程应当是以学生为主体的、通过激发学生自主学习兴趣和创造性的主动参与的教学过程。这个学习的过程既非简单的传统意义上的知识传授，也非学生个体独立的知识建构，而应当在师生共同参与的过程中，通过师生间的平等地位的交流，通过信息双向的传递，从而逐步实现“学生自发、教师引导”模式下的知识体系的搭建。

为此，在本课程的课堂教学过程中，授课教师注重了课件、板书和多媒体等多种教学方式的融合，配合各个模块的学习内容灵活切换；课堂上以教师讲授、观看短片、实例分析、课堂讨论、翻转课堂和启发式教学等多种教学手段的融合来建立积极有效的师生互动，积极调动学生的主观能动性，推进学生主动思考、自主学习，从而实现立体教学，实现高阶、深层的学习目标。以上多种教学方式的融合、多样教学手段的加入也为“德融教学”创造了大量的切入点，在实例分析、热点问题的讨论过程中，均可以由教师引导融入积极向上的科学观、人生观、价值观和世界观。例如，2018 年“315 晚会”的热点问题——“回收塑料”事件的回顾分析，说明了高分子材料与日常生活息息相关，材料的质量关乎人民群众的健康、安危。这就要求从业人员掌握高分子材料的老化特性、理清其热塑性与热固性的区别，了解材料正确的回收再利用方法。科学的发展与人类社会的进步、人民生活的幸福息息相关，因此在知识点讲解的同时加入相关的科研故事、梳理技术出现的背景与意义，有助于学生进一步理解人类命运共同体的深刻含义，提升学生的社会责任感，从而更加爱国、爱党、认同社会主义核心价值观。再如，聚乙烯的发现其实是一次失败实验的产物，但却意外推动了高分子产业的迅猛发展，现如今相关材料在我们日常生活的方方面面均有广泛应用。因此，科研从业人员需要有科学严谨的态度和勇于创新的思维，大胆假设，小心取证，如此才能开发出惠及人类的好技术、好发明。另外，乙烯产量是一个国家化学工业实力的象征，国外高分子化工产业经历了百年的发展，相关领域技术成熟、实力雄厚，相较之下我国相关产业起步较晚。新中国成立以后，特别是近几十年来，在党和政府的带领下，广大科研工作者集全国之力突破了西方国家高分子领域的科技壁垒的封锁，掌握了核心技术，使我国成为全球乙烯消费、生产第二大国。由此说明国家发展不易，只有坚持中国共产党的领导，坚定不移地走中国特色社会主义道路，才能让中华民族在世界舞台立足。相关实例也展示了老一辈科研工作者爱岗敬业的精神和家国情怀，展现了中华民族坚韧不拔、吃苦耐劳、探索创新的精神，增强了学生对专业的认可度及民族自豪感。

(二) 课堂外教学的延续

课上的时间终归有限，拓展内容的加入使课堂内容必须有所取舍。因此，在教学实践中，课程教师将各个模块的教学内容拆分为基础知识、专业难点和实例应用三个部分。将较为基础的课上教学内容转移至课下，教师督促学生在课下完成基础知识的预习及实例应用部分的拓展，由此释放课堂时间着重讲述专业难点，图 11-2 中展示了本课程课上教学与课下自学的协同教学模式。

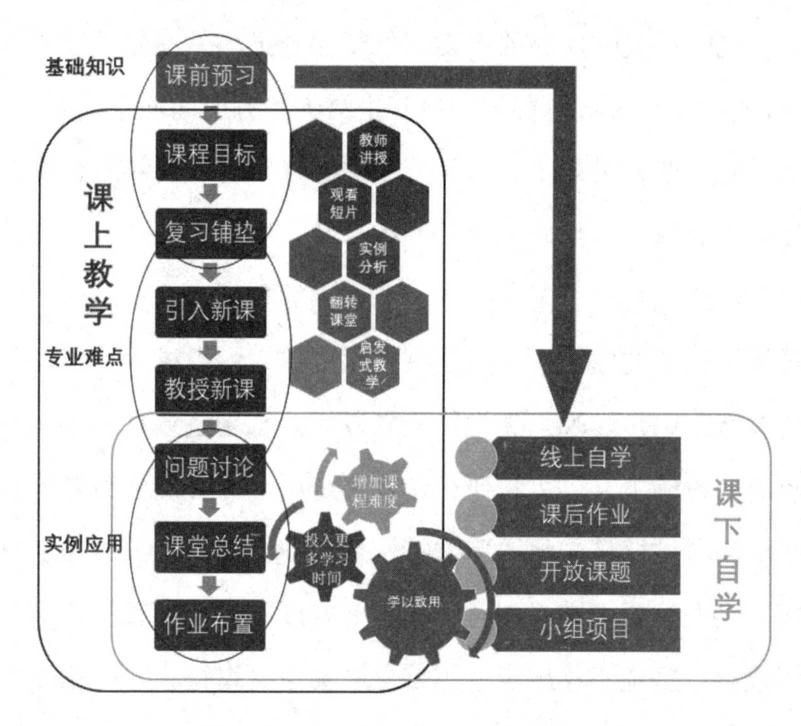

图 11-2　课上教学与课下自学的协同教学模式

除了课堂教学内容的延续，德融教学也不应仅仅拘泥于课堂之中。本课程主要通过布置课后作业、设立开放式课题、组织小组项目等方式将课上的学习延续至课下，通过投入更多学习时间、增加课程难度来促进学生学业成就的提升和认知能力的发展。其中，课下环节设置的小组课题为学生提供了大量学以致用的机会，深化了学生对知识的理解，同时也可以让学生在团队配合中提高团队意识、提升合作能力。

为了保障小组课题环节的实施效果，课程实施过程中从以下四个环节对小组课题的任务进行细化。

(1) 教学方案的设置：不同阶段课程教学方案的设计需满足其不同的需求，即在第一阶段设置科普性的团队课题，第二阶段设置专业性的小组课题，第三阶段设置专业应用性的小组课题；

(2) 教学方案的实施：在小组项目执行过程中，明确负责人(组长)、参与人(组员)的职责与分工，实行负责人轮流制，从而充分发挥学生的主体作用；

(3) 教学过程的控制：将小组课题适当地拆分成几个主要环节，明确任务分工及进度掌控，从而方便教师了解情况并及时引导；

(4) 教学总结与评价：小组课题总结采用书面报告和小组答辩相配合的形式。评价考核方法采用教师综合打分，参考小组内部互评确定成绩的方法，以充分调动学生积极性，增强合作意识。

高分子课程与人类生活密切相关，因此课程的天然优势使教师在小组课题的实施过程中有着更多的机会潜移默化地将德育内容渗透其中。科技的进步符合事物发展的基本规律，科技问题的出现也揭示了人与社会、人与自然间的关系。问题由小见大、理论举一反三，通过教师的合理引导可以有效启发学生的反思，梳理正确的人生观、价值观和世界观。课程中布置了专业性小组课题，由学生组队自行选定一种常见共聚物，通过查阅资料来分析其生产、应用情况，最后形成团队小论文并做课堂报告。在小组项目的完成过程中学生深化了对教学内容的理解，同时，小组课题的实施可以充分锻炼学生团队意识和合作能力，将立德树人的教育目标落到实处。

四、教学效果

实践效果表明，本课程通过多种教学手段的配合有效地调动了学生的学习积极性，激发了学生的求知欲，学习效果得到明显提升。此外，德融教育元素的加入有效地提高了学生的综合素质、实践水平及团队协作能力，课上课下讨论、提问题的学生明显增多，课堂气氛活跃，师生交流更加频繁、沟通更为顺畅，教学效果从教师自查和学生评教两方面均反映良好。在教学过程中融入思政元素，使学生在学习专业知识的同时懂得了做人、做事的道理。在一个个实例分析、课堂讨论、小组课题的完成过程中，培养了学生的科研素质，使学生更加了解和热爱自己的专业，从而建立专业自信，形成更强的专业凝聚力和更为清晰的职业规划。

水处理工程

李国栋

一、课程基本情况

“水处理工程”是轻化工程专业(制浆造纸工程方向)的专业选修课，共 32 学时，2 学分，在大学三年级下学期开设。

制浆造纸行业属于用水大户，备料、蒸煮、洗涤筛选、漂白、抄纸等各个工段均需消耗大量水，因此污水处理在制浆造纸领域中占据极其重要的地位。制浆造纸废水有机污染物含量高、废水量大，是生态系统中较为典型的水体污染之一。本课程教学以制浆造纸废水为例，展开介绍工业废水处理的现状、污染物分类与特征、工业废水处理的原理与常见方法等。通过本课程的教学活动，使学生了解和重视生态环境保护，掌握水处理技术与方法，同时培养学生具备一定的工程实践意识。

本课程的教学目标是掌握废水的物理、化学及生物化学处理等方面的基本理论知识；熟悉水处理的典型工艺流程及设计方法；了解相关污水处理技术的最新进展；具备对废水处理工艺选定及工艺设计的能力；初步具备解决实际废水处理问题的能力；培养学生适应社会发展的能力及终身学习能力。

二、德融教学设计及内容

随着社会经济的不断发展，传统教育体系及方式理念僵化单一，已不再适应当今社会对人才的需求。作为一种新的教学模式，德融教学以专业知识为教学主体，将传统品德教育与专业课程有机融合，实现教学与艺术联姻，高效同乐趣俱来，育人与教书同在。

本课程由六个独立的章节组成，教学过程中针对每个章节都分别引入了不同的思政元素，利用不同的实现形式对课程思政与理论知识进行了有机整合。

本课程的德融教学设计和内容如表 12-1 所示。

表 12-1　德融教学设计和内容

章节	知识点	思政元素	实现方式
第一章概述	废水基本概况	引经据典论教育，弘扬正气树新风	古有“天行健，君子以自强不息”的奋斗精神，“天下兴亡，匹夫有责”的爱国情怀，“人生自古谁无死，留取丹心照汗青”的牺牲精神，“老吾老以及人之老，幼吾幼以及人之幼”的公德意识等，这些传承至今的传统美德，早已深深植入我国人民的心中。大力弘扬正气是实践科学发展观、建设和谐社会的重要内容，是贯彻落实社会主义核心价值观的具体举措
第二章物理法	物理法处理工业废水的分类及原理	宣扬社会主义核心价值观	让学生了解社会主义核心价值观的主要内容，坚持知行合一，将社会主义核心价值观内化为学生的精神追求、外化为学生的自觉行动。结合专业背景引导学生将小我融入大我，把国家、社会、公民的价值要求融合为一，并体现在实际行动中。引导学生对社会现象积极认知，启发学生树立爱国、敬业、诚信、友善等信念，引导学生把社会主义核心价值观落实到个人的学习生活中，培养出一批社会主义核心价值观的积极践行者
第三章化学法	常用混凝剂/助凝剂种类	中国梦——大国工匠、工匠精神	从历史的角度来看，古往今来，我国就不乏具备“工匠精神”之人。古代中国曾是世界上最大的原创和“匠品”出口国。从发展的角度来看，有了“工匠精神”，我国的制造业才有可能在产业转型、产品升级中实现“质的飞跃”。从长远的角度来看，“工匠精神”需要良好的培育土壤，才能得到健康持续的发展

(续表)

章节	知识点	思政元素	实现方式
第四章 生物法	生物处理废水基础知识	学习雷锋精神，弘扬无私奉献的精神	雷锋精神的实质和核心是全心全意为人民服务，为了人民的事业无私奉献。时代在变，雷锋精神永不变。把雷锋精神融入专业教学课堂，在教学过程中宣扬雷锋同志的先进事迹，深入挖掘相关的德育元素，将专业课程建设与无私奉献的时代内涵有机融合，积极培养学生的奉献精神、职业道德、团队协作和创新能力等
第五章 生物法 ——厌氧反应器及厌氧工艺	厌氧处理基本机理	厚植爱国情怀，激发报国之志	在专业课的思政教学中，要坚持以习近平新时代中国特色社会主义思想为引领，坚决贯彻落实习近平总书记有关高校人才培养工作的讲话精神，把伟大的爱国主义传统发扬光大，激发学生的爱国主义情怀，树立学生坚定的科技报国之志
第六章 生物法 ——好氧设备及好氧工艺	好氧生物处理技术的特点	倡导团队协作，践行女排精神	女排精神作为体育领域的品牌意志，也是我国社会文化的一种符号，激励和感召全国人民不断拼搏进取、永不言败。在教学过程中弘扬女排精神有利于引导学生树立努力钻研科学问题的信心，增强学生克服困难、勇攀科技高峰的坚定意志力，用积极向上的精神力量规范、矫正学生的行为，有助于学生个人价值的实现

三、教学方法及手段

“德融课堂”作为一种新型的教学模式，将思政元素融入专业课程当中，在潜移默化的教学过程中加深学生对思政理念的理解，完成立德树人的培养目标。根据本课程教学大纲特点，在教学过程中主要采取启发式、案例式、引导式、分组式、自助式和主动性教学法相结合的模式(见图 12-1)，在培养学生学习兴趣的同时，教导学生做人做事的道理。

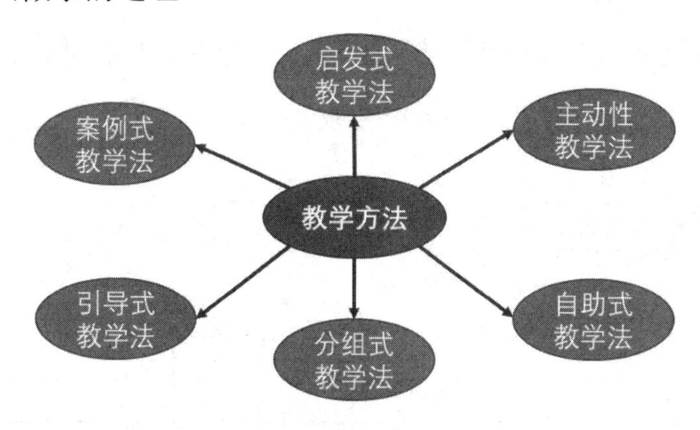

图 12-1　本课程的教学方法设计

(一) 案例式和引导式相结合的教学法

随着经济的发展，我国面临水资源短缺的问题不断加剧，水污染问题也越来越突出。作为传统的用水大户，造纸业是造成水污染的重要污染源之一。目前，我国造纸业的废水排放量高居各类工业排放量的前列，造纸工业对水环境的污染较为严重，这不但是我国造纸工业污染防治的首要问题，也是我国工业废水达标排放的关键所在。通过对造纸厂污水现状及概况的讲解，加深学生们的环境保护意识，宣传环境保护的重要性。

习近平总书记曾说："绿水青山就是金山银山。"虽然造纸业水污染严重，排放量较大，通过采取科学的治理方法，厂内通过改进生产工艺、综合利用的方式减轻或消除污染，厂外采取生物、物理、化学等处理方式降低污染物含量，使废水做到达标排放。例如，山东省某造纸厂废水处理原采用收浆/调节池/超效浅层气浮工艺，出水水质一直不达标。通过技术改造，在传统工艺的基础上增加接触氧化池后(见图 12-2)的运行结果表明，采用该工艺处理造纸废水，出水水质完全达到国家相关标准要求。

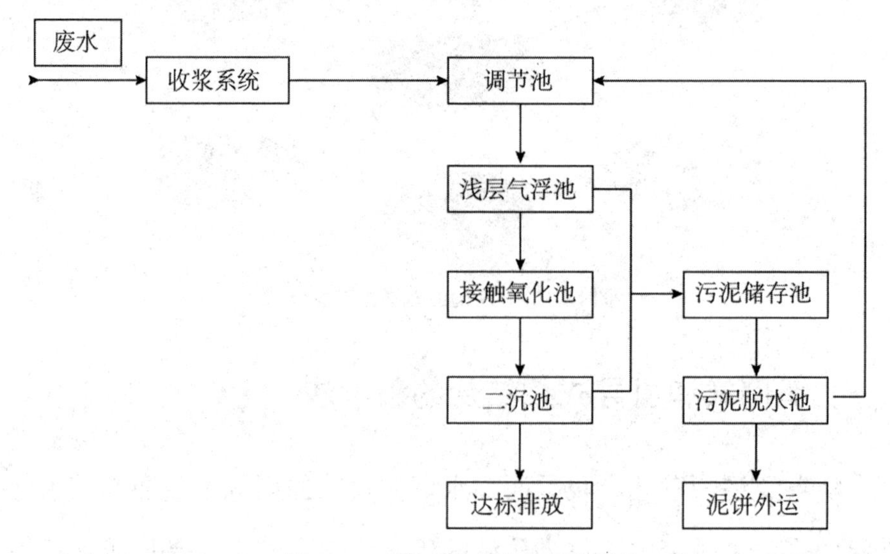

图 12-2　改造后的废水处理流程

(二) 启发式和分组式相结合的教学方法

启发式教学是以教学目的、内容和学生的知识水平为依托，运用各种教学手段，采用启发诱导的方法来传授科学知识、培养学生的综合能力。启发式教学不仅是一种教学方法，也是一种教学理念，是教学观的体现。教学的关键在于教学指导思想要正确，只有树立正确的指导思想，才能灵活运用现代教学方法，最大程度地实现教学目标。“学生为主体，教师为主导”是现代教学的指导思想。如何真正意义的实现，关键在于提高学生的学习积极性，这与教师的引导方式直接相关。在教学过程中采用启发式教学方法，可以充分调动学生的学习积极性，有助于学生全面能力的提升。

传统的“填鸭式”教学是一种重知识、轻能力的教学方式，与当前发展大学生综合能力和社会对素质人才的需求大相径庭。采用分组式教学方法能够充分培养学生的学习能力、组织能力和协作能力。在教学过程中，突出重点、强化难点，有计划、有针对性地安排学生分成若干小组探讨交流学习心得，深化教学重点、攻克知识难点。采用民主选举或自我推荐的模式任命学习小组长，根据团队成员的基础能力、接受能力和积极性的差异，赋予不同成员特殊角色，并不定期进行更换。针对出现的问题，启发式的诱导学生探索真理、掌握科学知识，让学生在学习过程中，学会主动思考，注重学习心得交流，强化团队协作分工，培养全方位的能力，充分发挥分组式教学的作用。

(三) 主动性和自助式相结合的教学方法

在教学过程中，教师是主导，学生是主体，教师使用不同的教学手段使学生获取知识、掌握知识。主动性教学方法的关键在于充分调动学生的学习积极性，增强学生的学习主动性，这样才能有效活跃课题氛围，提高整体教学效率。作为一种新的教学方法，主动性教学能够激发学生的学习激情，培养学生对问题的分析和解决能力，培养学生的主观能动性，塑造学生的主体意识，变被动为主动，真正使学生成为教学的主体。

在全球信息化时代的今天，学习和创新成为社会进步和发展的驱动力。只有不断学习、努力创新，才能顺应时代高速发展的需求。自助式教学是一种以学生为中心、教师为辅导的教学模式。在教学过程中，学生可根据自己的爱好，自助选择适合自己的学习内容、学习环境和学习理论。这种教学方法可有效扭转传统“为师是从”的专制式教学理念，建立一种平等、信任、尊重和理解的新型师生关系，从而有效地树立学生的自信心和自尊心，释放青年学子的无限创造力。在这种民主式的教学环境中，教学模式由教师指导转变为学生自助选择。

四、教学效果

本课程通过在教学过程中将专业课程与德育教学有机结合，取得了良好的教学效果。专业课教学，特别是理工科类专业课程，理论知识较强，相对比较枯燥，从传统观点来看，与德育工作难以找到合适的契合点。通过在知识传授的过程中实现价值引领，把思想引导和价值观塑造融入“水处理工程”的专业知识之中，确保所授课程与思想政治教育同向同行，不仅提高了教学效率，也在学生中获得了良好的反馈。

(一) 教学相长育新人

思政元素的引入，改变了原有枯燥的专业知识满堂灌的教学模式，不仅有助于教学效率的提高，也充分调动了学生的学习积极性，在 2019—2020 学年第二学期末的考试中，本课程的及格率达到了99%。在实现教学目标、提高学习成绩的同时，也培养了学生们的家国情怀与浩然正气，践行了社会主义核心价值观。

(二) 思政融合效率高

思政融入本课程后，超过 95%的学生认为通过学习增强了对专业知识的认知，加深了对环境保护的责任感；超过 90%的学生认为提高了观察问题、分析问题和解决问题的能力及相互协作的能力；超过 85%的学生认为培养了客观严谨的科学精神和实事求是的态度。

(三) 绿水青山就是金山银山

通过培养一大批懂科学、有理想、有信念的当代大学生，必将为习近平新时代中国特色社会主义伟大事业增砖添瓦。我们相信，在科学思维引领下，中华民族必将行稳致远；在中国共产党的带领下，中华民族必将实现伟大复兴；在全国人民的努力下，绿水青山的美丽“中国梦”必将早日实现。

制浆造纸环境保护概论

谢晓凤

一、课程基本情况

“制浆造纸环境保护概论”是轻化工程专业(制浆造纸工程方向)的专业选修课，共 32 学时，2 学分。

本课程以制浆造纸植物纤维化学、制浆造纸工艺学、制浆造纸设备等课程为基础，主要讲授制浆造纸过程产生的废水废气废渣的污染控制与治理等内容，是一门涉及多领域的交叉学科。

本课程的教学目标分为三部分，分别是知识目标、能力目标和素质目标。

【知识目标】了解造纸工业的现状和展望未来发展趋势，了解造纸工业污染治理的现状；掌握制浆造纸废水、固废、废气的来源与特性；掌握“三废”治理的原则和方法，以及相关原理和设备。综合所学“三废”控制方法和技术设备，制订“三废”处理工艺方案。

【能力目标】在初步了解“三废”来源与特性的基础上，进一步学习减少“三废”产生量及排放量的能力；能初步分析“三废”治理过程中出现的问题；综合分析“三废”治理出现问题的原因，并提出相应的解决方案。

【素质目标】培养环境保护意识，加强学生的社会责任感；建立制浆造纸清洁生产的理念；促进制浆造纸工业技术与设备的改革。

二、德融教学设计及内容

(一) 树立强烈的环境保护意识，节约资源和能源

造纸工业是一个与国民经济发展和社会文明建设息息相关的重要产业。现代造纸工业是技术、资金、资源、能源密集型，规模效益显著，高效生产的基础原料工业。造纸产业关联度大，涉及林业、农业、机械制造、化工、热电、交通运输、环保等产业，对上下游产业的经济有一定的拉动作用。当今世界各国已将纸和纸板的生产和消费水平，作为衡量一个国家现代化水平和文明程度的重要标志之一。同时，制浆造纸工业也带来了一定的环境问题。为了适应激烈的市场竞争，实现制浆造纸工业的现代化，在提高经济效益的同时，还要在生产的过程中尽可能地减少污染、降低消耗、保护环境。既要发展经

济，又要保护环境，要保证这两方面和谐统一、平衡发展。

环境有一定的自净化能力，当排放到环境的污染物超过了环境自净能力，就造成了污染。制浆造纸工业的生产量和消费量在逐年增加，排放的污染物也在逐年累积，而我们的环境承受能力却越来越脆弱，以前的污染还在沉积，当前的污染还未来得及处理，源源不断、越来越多的污染排放，给环境造成了越来越难以承受的污染负荷。造纸工业企业环境标准不达标，就会被关停并转，小造纸厂无立足之地，现代的造纸企业都要达到一定的生产规模，坚持“三废”治理的三同时原则即同时设计、同时施工、同时投产，带来经济效益的同时，也要保障污染物达标排放。造纸水污染控制，大气污染控制和固体水污染排放标准越来越严格，监测项目也越来越多，污染控制和治理的任务非常艰巨。讲授课程时，应引导学生辩证思考问题，环境制约着造纸工业经济发展，同时也促进了制浆造纸工艺技术和设备的改革，从而增强学生的环境保护意识。

建设“资源节约，环境友好”型社会，造纸行业积极推进林浆纸一体化项目，努力提高废纸的回收和利用，积极采用高得率制浆工艺，使原料物尽其用，白水实行三级循环，杜绝浪费。所谓“废物”，只是放错了地方的资源，所以说，在治理“三废”的过程中，首要考虑的是合理地开发综合利用价值。

(二) 多角度综合考虑问题，分析原因，采取措施解决问题

污染治理是一个综合问题，一定要从整个制浆造纸过程，包括

备料、蒸煮、漂白、造纸等整个过程来系统性地考虑问题，提出解决方案。比如，漂白废水会排放二噁英这类剧毒的持续性有机污染物，就需要降低漂白车间废液的污染负荷，可以通过以下途径解决：采用强化脱除木素的制浆工艺，达到深度脱木素的目的，以降低漂白处理的化学药品消耗；采用氧碱漂白工艺，废液可以和蒸煮工段废液一起送碱回收车间处理；采用浆料逆流洗涤工艺，减少废液总体积和增加固形物浓度；采用二氧化氯取代氯气漂白，减少废液中AOX的含量；深度漂白工段采用氧气、过氧化氢、臭氧等处理工艺，进一步降低废液的污染负荷。同时引导学生深度思考，还有哪些工艺、技术、装备的革新有利于漂白污染问题的解决。培养学生多角度综合考虑问题的习惯，也有利于学生在实际工作中碰到问题时进行全面的分析和思考。

(三) 增强社会责任感

目前，制浆造纸工业对空气环境的影响还是亟待解决的问题，特别是硫酸盐法制浆在蒸煮时，会排放甲硫醇、甲硫醚、二甲二硫醚等一系列的嗅阈值在几微克就能闻到腐烂的白菜味道的还原性硫化物，给生活在制浆厂附近的居民造成深深的困扰，尤其在夏天，温度高，气味广泛散播，居民都不敢开窗，一旦居民向有关部门举报造纸企业，环保监督部门会严查，到时造纸企业被处罚一定的经济补偿以外，还要被责令进行臭气的严格治理。这都督促造纸工作者要有强烈的社会责任感，不给社会民众造成生活困扰和身体健康的危害。另外，与制浆造纸企业密切相关的热电联产，产生的烟气也应妥善地处理，脱氮除硫，减少对大气的污染。

(四) 关注国计民生，与时俱进，用发展的眼光看待问题

造纸企业生产的文化用纸、生活用纸，以及目前流通最广的包装用纸和纸板，都与我们的生活密切相关，其生产和销售关系到国计民生，作为造纸工作者，生产什么样的纸种要根据市场需求量的多寡来决定。每个行业都有与政治经济政策法规错综复杂的关联，造纸行业也不例外，其发展深受大环境及政策法规的影响。例如，造纸废纸的进口限制越来越严格，而现在的造纸企业绝大多数是利用废纸作为原料来造纸，限制进口废纸这一政策，直接导致造纸行业格局变革，促使很多造纸企业搬迁至林业发达地区，就近发展造纸。还有的造纸企业甚至直接搬到海外，省却了进口废纸这一环节。还有最近下达的"限塑令",也促使了白板纸的生产量和消费量增长。随着废水、废气、固体废物污染排放标准日益严格的要求，治理措施也进行了相应的改进，引导学生多阅读专业资料，时时关注制浆造纸行业的最新技术发展动态，是必不可少的重要环节。

(五) 德融教学内容

本课程的德融教学设计和内容如表 13-1 所示。

表 13-1 德融教学设计和内容

章节	知识点	思政元素	实现方式
绪论	中国造纸工业发展的现状和趋势；中国造纸工业污染治理的现状	引导学生辩证思考问题，环境制约着造纸工业经济发展，同时也促进了制浆造纸工艺技术和设备的改革，从而树立强烈的环境保护意识	图片教学，视频教学
第一章 造纸工业废水的污染与控制	第一节 废水常用检测项目，废水的来源与特征	由废水检测项目，引导学生采取现代技术手段客观分析问题；介绍废水的来源与特征，培养学生可持续发展、清洁生产的理念	图片教学，视频教学
	第二节 废水处理的原则、方法和选择，处理工艺流程简述	对废水处理的整个工艺流程，有总体的认识，引导学生形成一个系统的观念，做一名合格的造纸工艺工程师应具备匠心精神和职业道德	案例：山东某纸业制浆废水处理工程流程分析
	第三节 废水的物理处理——过滤、沉淀、气浮	对目前废水处理的格栅、沉淀池、气浮池等做一一介绍，对比其各自的优缺点，引导学生深度思考进一步改革的措施	图片教学，视频教学 案例：再生纸板厂的废水处理
	第四节 废水的化学处理——化学混凝法、Fenton 氧化法	了解目前普遍使用的混凝技术，掌握有发展前景的 Fenton 高级氧化技术，培养学生形成发散思维及可持续发展的理念	Fenton 氧化技术在难降解造纸工业废水中的研究和应用
	第五节 废水的生物处理	通过分析废水中的微生物相，判断废水处理中的微生物存在状态，分析废水生物处理的进展程度。培养学生分析解决实际生产中存在的问题，增强学生理论联系实际解决复杂问题的能力	分组讨论活性污泥膨胀的原因和处理措施；厌氧反应器工程实例

(续表)

章节	知识点	思政元素	实现方式
第一章 造纸工业废水的污染与控制	第六节 废水的物理化学处理	通过膜分离法处理废水，增强学生的环保意识和清洁生产理念，从源头治理污染，污染零排放是造纸可持续发展、解决污染问题的终极目标	图片教学，问题探究式教学
第二章 固体废物的污染与控制	第一节 概述 固体废物的定义、特性、危害、分类	建设“资源节约，环境友好”型社会，造纸行业积极推进林浆纸一体化项目，努力提高废纸的回收和利用，积极采用高得率制浆工艺，使原料物尽其用，杜绝浪费。所谓“废物”，只是放错了地方的资源，所以说，在治理“三废”的过程中，首要考虑的是合理地开发综合利用价值	案例驱动式教学：固体废物的循环处理回收利用；木质纤维素生物质精炼
	第二节 固体废物处理的原则和方法	以往的一些处理方法，因不符合时代的发展，已经被淘汰了，培养学生关注国计民生，与时俱进，用发展的眼光看待问题。同时不断地开发出更先进的设备，培养学生不断开拓进取的创新意识	图片教学，视频教学
	第三节 污泥的处理	系统学习污泥的整个处理流程，培养学生理论联系实际的能力。通过分析各种不同脱水机械的优缺点，了解行业的发展趋势，培养学生创新意识	案例：污泥处理工艺流程
	第四节 污泥的最终处置	焚烧处理是一个有争议的话题，培养学生的辩证思维	分组专题研讨式教学

(续表)

章节	知识点	思政元素	实现方式
第三章造纸工业大气污染控制	第一节 概述	了解目前大气污染现状，培养学生关注时事动态和社会热点问题，增强学生的社会责任感	图片教学，视频教学
	第二节 粉尘控制技术	通过对不同除尘器的比较，培养学生的辩证思维意识。与时俱进，用发展的眼光看待问题，采取更先进的技术和设备解决问题	除尘器应用实例
	第三节 气态污染物净化技术	通过学习净化技术，增强学生的环保意识	图片教学
	第四节 制浆造纸厂大气污染控制	污染治理是一个综合问题，通过分析制浆造纸各个过程产生的大气污染物的分类和特征，培养学生系统分析问题的能力	案例驱动式教学
第四章造纸工业噪声控制	概述、噪声控制方法和设备	增强自我环保意识，建立环保观念	图片教学

三、教学方法及手段

(一) 网络学习，查阅资料，课堂讨论，引导学生多角度的思考问题

充分利用网络学习相关的造纸专业和环保专业知识，尤其是一些小视频，可以非常直观地看到设备的实际操作情况，这对于学生

理解和消化课堂所学理论知识起到了很好的辅助作用。

提出一个问题，让学生查阅相关资料，在课堂上讨论，学会接纳彼此的不同观点，丰富所学内容，引导学生多角度的思考问题，开拓思路。比如固体废物焚烧是好是坏？利弊各是什么？焚烧会产生二噁英的二次大气污染问题，采取什么样的措施来解决这个问题？一步步引导学生多角度深度思考这些问题,发现问题是一方面，更重要的是提出方案如何来解决这些问题。

(二) 引入工程实例，加强理论联系实际

在“废水的化学处理”这一章节，着重讲解了某造纸厂制浆废水 UHOFe(上流式多相废水处理氧化塔)深度处理工程实例和UMAR(上流式多级厌氧反应器)工程实例，这些工程是目前纸厂正在运行的效果不错的真实案例，充分理解课堂所讲授的 Fenton 高级催化氧化理论和废水厌氧处理工艺设备知识，加强学生理论联系实际，将所学科学理论技术扎扎实实地运用到实际生产中，用科技推进社会的发展进步。

(三) 介绍学科发展前沿

袋式除尘器过去因不耐高温，在处理烟气方面用得少，但是随着不同材质滤料的开发，袋式除尘器也可以处理高温烟气，再加上处理超细粉尘的除尘效率非常高，现在得到了广泛推广应用。大气污染物排放标准中，SO_2 排放浓度限值提高到了 30 mg/m^3，单纯使

用原来的电除尘器和袋式除尘器，很难达到现在要求的大气污染物排放标准。这迫使造纸企业对大气污染防治措施进行相应的改革，使用电袋除尘器或湿式电除尘器，结合两种按不同原理处理粉尘的除尘装置的不同结构性能，达到大气污染物排放浓度限值，从而实现达标排放。要做到与时俱进，用发展的眼光看待问题，采取更先进的技术和设备解决问题。

四、教学效果

制浆造纸厂消耗大量的资源和能源，其排放的废水、废气、废渣都会污染环境，危害人民的身体健康。所以，加强学生的造纸环保理念是非常必要的。环保不达标，造纸企业就会被责令关停并转，这将严重影响造纸企业的发展，迫使企业只有以更好地保护环境为基本出发点进行相应的先进工艺技术和设备的改革，才能实现长远的发展。学生在学习制浆造纸工艺和设备理论知识基础上，还学会从环保角度来进一步思考这些工艺技术和设备的可行性，对于学生而言，未来无论是做科研还是在造纸厂工作，这都是具有实际应用价值和意义的。

皮革整饰化学与工艺学

付丽红

一、课程基本情况

“皮革整饰化学与工艺学”是轻化工程专业(皮革化学与工程方向)的专业必修课，是专业核心课程中的主干课程之一，共48学时，3学分，在大学三年级下学期开设。

本课程是制革过程的后半段工艺，是在完成鞣制后坯革的基础上进行的系列干湿态整理，使坯革变成具有理想的感官特征、化学性质、物理机械性能及特定使用价值的成品革。

本课程内容包括：坯革的回湿、复鞣、中和、染色、加脂、干燥与整理、涂饰等一系列物理和化学处理。主要讲授皮革湿/干染整各工序的基本知识、基本理论和基本技能，以及皮革整饰的科技前沿与新技术。

本课程的教学目标分为三部分，分别是知识目标、能力目标和素质目标。

【知识目标】通过教学，培养学生掌握皮革染整的基本知识、基本理论和基本方法。

【能力目标】培养学生的专业素质、染整技能和发现问题、解决问题的能力。

【素质目标】培养学生的文明素养、环境责任感，提升学生的社会责任感，引领学生社会价值观的建立，培养学生求真务实的科学素养和良好的人文素养，实现高质量的人才培养，为国家和皮革行业增加正能量。

二、德融教学设计及内容

皮革工业是自然可再生资源利用的行业之一，皮革制品是人们熟悉且贴近生活的物品，发展至今，皮革虽天天被人们使用和穿着，但又不时被批评和限制。因此，高品质、高效益及清洁化已成为皮革行业可持续发展的唯一途径。为此，本课程把培养学生的专业素养和社会文明素养作为教学目标之一。

皮革整饰化学与工艺学是多学科知识的融合和应用，教学过程涉及理论知识与操作方式方法的表达。本课程以学生发展为中心，以“课程思政”为引领，以培养新工科人才为导向，针对目前大学生普遍存在的社会责任感和爱国意识淡薄、创新意识差和团队合作意识缺失等问题，课程教师在教学活动中，结合教学内容有意识地融入思政教育元素，潜移默化地培养学生的综合素质，提升学生的专业信心和专业兴趣，有计划地逐步提高学生的思想品德水平。

根据本课程的特点，结合多年教学经验，在认真分析学情的基础上，从本课程的教学内容、教学方法和考核方式等方面着手实施思政教育，着重德融教育的内容、融入点、融入方式以及融入深度等。本课程的德融教学设计和内容如表 14-1 所示。

表 14-1　德融教学设计和内容

章节	知识点	思政元素	实现方式
课程简介	课程组织	“教”的内容、“学”的方法、考的形式；学以致用，知行合一	明确课上课下教与学的内容，学生自由组合课题团队，体现以学生为中心的教学模式，尊重学生的选择权，使学生了解团队合作的意义，建立师生联系通道与和谐关系
第一章 绪论	皮革史，皮革染整的内容范围	引导学生利用资源，收集、归纳与分析，培养学生自学与独立思考的能力，培养团队意识	课下作业“铬鞣革的发明对制革的贡献”，个人查资，小组讨论形成报告，组成员汇报，课堂讨论、交流，教师引导，学生点评
第二章 湿态染整	坯革湿处理与性能的关系	湿处理可以改变坯革的性能，但工艺制定时既要考虑成革质量与效益，更要关注加工过程对环境的影响和对人体的危害，培养学生的社会责任感，引导学生创新	教师在授课过程中，结合复鞣、中和、染色、加脂各工序的特点，采用典型案例法、启发式教学和翻转课堂法，对学生进行引导和鼓励。学生课下结合团队自选课题，进行小组讨论、交流，并由各工序内容负责成员形成报告、汇报，并由教师点评

（续表）

章节	知识点	思政元素	实现方式
第三章 干态整理	坯革的干态整理与形态变化	启发学生用知识充实自己、改变自我；经锤打磨炼，塑造自我，提升能力。引导学生树立正确人生观，坚定信念，积极提高适应环境的能力	干/湿态的物化处理均能改变革坯性能，湿态处理是基础、干态处理是关键。前者改变革坯化学结构，后者改变物理结构，最终体现于坯革性能。教师在教学过程中，结合皮革的做软、磨革等处理对皮革性能的影响，启迪学生磨炼成才；引导学生正确看待挫折，提高抗挫折能力
第四章 涂饰整理	坯革表面修饰与美化	外表的修饰是遮盖与弥补，美化程度有限，内在美与天然美结合，美方能自然、长久。鼓励学生树立正确的价值观、审美观，培养学生坚定信念，保持积极乐观的人生态度	利用正面革、修面革的典型案例，结合日常生活化妆实例，进行启发式教学；团队作业，课外讨论，由本部分内容负责成员形成报告，让学生学有所用，用有所得，在“学”与“习”中领悟真谛；培养学生勤奋努力，学以致用，公平竞争的意识
第五章 典型产品染整工艺	工艺要点	目标不同，过程不同，引导学生树立正确的人生目标，用目标激励人生，在追求目标的过程中探索磨炼	目标激励法：用途不同的皮革其性能不同，采取的工艺也不同。教师结合授课内容，引导学生进行皮革的类比分析，启发学生通过不同的途径、创新的方法达到预定目标。团队总结讨论，由组长负责形成报告，汇报，并进行课堂交流提问。教师点评，组间互评、组内自评，师生共评
课程总结	查漏补缺	查找不足，弥补知识点	考试后，现场立即组织团队讨论、交流，教师总结点评，答疑解惑。教师以身示范，将善始善终、善作善成潜移默化传达给学生

表 14-1 涵盖了本课程从教学内容、组织实施过程与考核评价等方面，引导学生树立正确的人生观、价值观，培养学生独立学习与共同学习的能力、团队合作与创新的意识，培养学生勤奋好学、学以致用、善始善终、公平竞争与守信的人生态度。

三、教学方法及手段

(一) 课程教学内容及组织实施

课程采用课上、课下平行互动的团队课题式教学模式，活跃课堂气氛，扩展课堂讨论空间，加强师生间互动，激发学生学习的内在动机，提升教学效果。

课程前期：先以皮革染整工艺流程为主线，采用案例式教学方法回顾之前所学专业知识，促进学生查漏补缺，并根据课程进展查阅资料，实现知识间的有效连接。然后采用团队课题式教学，结合课程目标，学生组团队、选课题，课题运行与课程进度同步。

针对在坯革湿染整部分(染前准备、复鞣、中和、染色、加脂)，采用研讨式、案例式与翻转课堂相结合的教学方法，加深学生对湿染整工艺的掌握程度。

针对干整理部分，结合工厂实操视频进行讲授，使学生更直观地掌握操作与皮革性能的关系。

针对涂饰部分，结合涂饰新产品和新技术视频进行授课，激发学生学习专业的兴趣，培养创新意识。

课程后期：通过汇报、答辩及团队课题的完成度，评估学生知识的掌握程度与应用能力；通过师生探讨，促进学生对所学知识凝练、整合与吸收，充分调动学生的主观能动性，提高学生的课堂参与度，增强学生对专业知识的掌握和运用。

课程尾声：在期末考试结束后，以团队形式进行现场讨论，查找不足，答疑解惑，进一步巩固所学知识。

(二) 课程教学过程

本课程的教学，采用课上教师讲授和课下学生完成团队课题两线平行运行的模式教学，教学过程的团队自选课题双线运行过程模式图(见图 14-1)。课上，教师主要系统讲授各章节的重点和难点；课下，学生结合授课内容，相互交流与讨论，共同完成团队作业；课上和课下同步运行、互相促进。

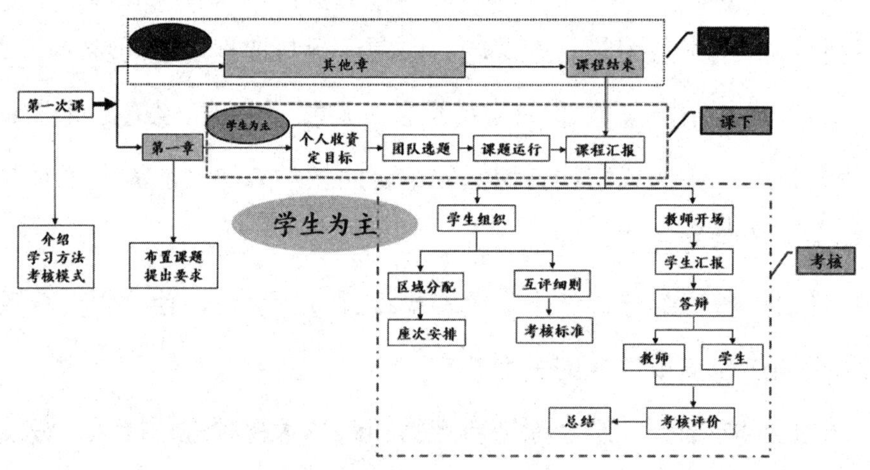

图 14-1 团队自选课题运行流程模式

在双线运行过程中，课程结合各章节课程内容特点，引入思政教育，主要体现在以下几方面：

(1) 培养良好的学习习惯。用能激发兴趣的自选课题，逐步引导学生深入课题，根据课程进度层层递进地加入新内容、新知识，改变学生以突击式应试学习为日常积累的过程学习，在传授知识的同时，培养学生良好的学习习惯。

(2) 使学生享受学习过程。教师在开课时布置安排，组团队、选课题、提要求，在进行过程中引导学生共同探讨、交流，转变重末端轻过程的不良习惯，培养学生的团队意识和合作能力。

(3) 变换师生角色，加深学生对知识的理解。将以教师为主的讲授模式转变为学生讲解、提问与解答，通过讨论加深对知识的理解，同时锻炼学生的应变能力、解决问题的能力，提高学生参与度；让学生通过变换角色，领悟换位思考在为人处世中的作用，培养学生的人文素养。

(4) 分工合作、竞争促进，提高团队合作能力。独立学习需要很强的自制力，团队学习具有相互竞争、相互督促、相互促进的作用。设计学以致用环节，以团队自选课题为线索，随着课程进度的进行，学生自觉主动地学习、总结，完成课题阶段任务，及时巩固新知识，充分激发学生内在的动力，培养公平竞争的意识。

(5) 总结重过程，旨在改进与提高。在课程末期，通过 PPT 凝练汇报，集团队之优势，展团队之实力；答辩环节，全体学生均可提问，全组人员齐上阵，既活跃气氛又把学生的难点、疑点和问题充分暴露出来。学生在掌握知识的同时，提高了团队合作意识与能力；教师在参与的过程中了解教授情况，便于不断改进教学方法，提升教学效果。此过程的教学，也可以起到借人之智，完善自我的作用。

(6) 善始善终、潜移默化。全课程期末考试结束时，在考试现场，结合考试情况，及时进行团队讨论，进一步查找不足，解决疑惑，教师全程参与各组讨论，以及时发现教学问题，及时点评，为后续教学内容的完善、教学方法的改革提供依据；授课教师善始善终的教学过程对学生起着潜移默化的作用，培养学生的专业素养。

总之，在整个教学过程中，教师要精心策划，合理组织，目标要明，责任要清；教师要给学生传递正能量，言传身教，潜移默化，使学生的学习具有长远高瞻的目标及强烈的内在动力，培养学生的专业兴趣和对行业的热爱，培养学生对国家、对社会的责任感和爱国情怀，培养学生的创新意识和合作意识，提高学生的综合能力。

(三) 课程教学方法

本课程以培养学生综合能力为核心，通过重塑课程内容、创新教学方法，打破课堂沉默状态，焕发学生的生机活力；课程教学重点不在于学生记忆和知识数量的多少,而是对学生专业思维的训练，通过训练学生的思考方式，帮助学生构建自身的专业认知模式。

课程采用课堂授课法为主，团队合作法、探究式教学法、案例教学法等相结合的教学方法(见图 14-2)。其中，针对学生的突击式学习，主要采用团队课题法，将学以致用贯穿整个教学过程，强调循序渐进的过程学习；针对知识先学后用，造成理论与实践严重脱节的问题，则要将先学后用改为即学即用的方式，使学生在学习知识的同时体验知识的运用，激发学生兴趣，提高学生参与度，提升教学效果。

根据不同年级学生及不同学生的个体化差异，授课教师及时调整教学方法和进度，因材施教，使每个学生都能够得到发展。根据市场发展和行业动态，更新课程内容，不断提升课程的高阶性，增加课程的挑战度，强化课程的创新性。

平时考核以学生互评为主，以学生团队课题合作完成过程中的表现为依据，考核学生对课程整体内容的掌握情况，突出过程学习与知识应用能力考核，充分发挥评价的导向、激励和自省作用。

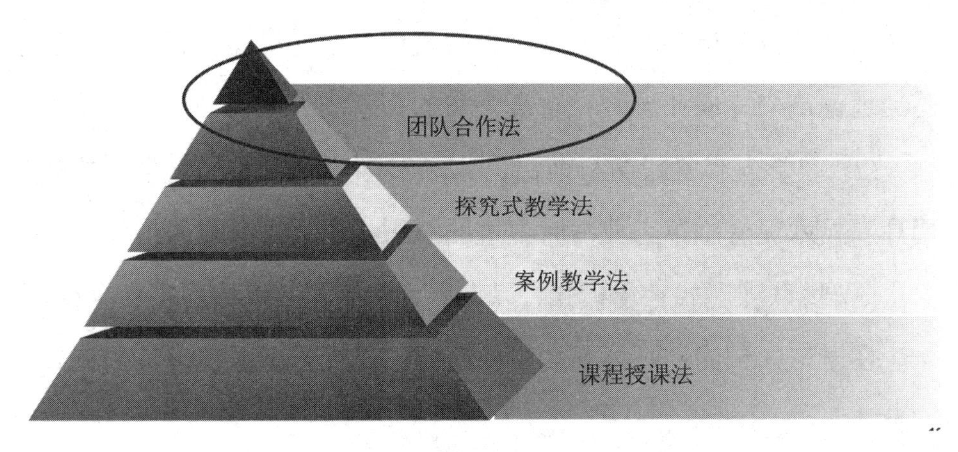

图 14-2　课程采用的教学方法

(四) 课程成绩评定方式

课程考核的目的是查不足、促教学。对学生来说是促学习，提能力；对教师来说是促教学，提效果。为此，本课程采取期末考试和平时考核相结合的评定方式，并加大平时成绩的比重。

期末考试：主要考核学生基本知识的掌握情况。采取闭卷方式，试题涵盖基础性知识和提高性题目。

平时成绩：主要考核知识运用情况，包括个人与团队。采用学生互评为主、师生共评为辅的考核方式，包括学生的团队课题完成、汇报及答辩情况，课堂表现、回答问题情况等。

(五) 课程特色与创新

1. 课程特色

(1) 以课程思政为引领，以自我完善、诚实守信、公平竞争、责任与合作等为核心对学生进行素质培养，培养对社会有强烈责任感、道德高尚、职业过硬、求真务实的高素质人才。

(2) 教学内容紧跟学科前沿、紧贴实际应用，培养学生具备利用高新技术促进制革工业与时俱进的意识。

(3) 团队课题式教学模式，以课题为线索，学以致用贯穿全程，学生在学习知识的同时体验知识的应用。培养学生重视过程的良好习惯。

(4) 将课上的“教”与“学”、课下的“习”与“做”同步，通过结课时的课题汇报、答辩及考试结束时的现场讨论，促进教学效果，培养学生做事要善始善终、善作善成。

(5) 及时引入市场新动态、新产品与新技术，开阔学生视野。

2. 创新点

(1) 将应试式学习变为循序渐进的过程学习。以小组自选课题为线索，将课程知识的学习与运用贯穿教学全过程，设计学以致用的环节，注重个体化差异，使学生以较低的个体时间和精力消耗，完成知识运用的实践体验。

(2) 将先学后用改为即学即用，激发学生的学习兴趣。知识先学后用，造成理论与实践脱节，团队课题式教学的知识即学即用，改变知识应用滞后现状，加强知识的掌握与运用能力，提升课程目标达成度。

(3) 建立学生互评为主的考核体系。平时考核以学生互评为主，依据团队课题完成情况，考核学生对课程知识的掌握程度，突出过程学习与知识应用能力考核。构建多元化、多样性考核评价体系，充分发挥评价的导向、激励和自省作用。

(4) 期末考试结束时，以团队形式现场讨论，查找不足，答疑解惑。

本课程历经 30 多年的建设与积累，课程体系日趋成熟，虽然教学内容不断增加与完善，教学手段不断改进，但因“皮革整饰化学与工艺学”是多学科知识的融合与应用。该课程教学涉及了多方面的理论知识及操作方式的表达。因此，在学习中，需要将物理化学知识与工艺过程操作相结合，只有身临其境，才能获得良好的认知，而且工艺课的特点是与时俱进，授课过程要及时地引进先进的材料和皮革的制造技术，从教学层面推动制革技术及工业生产的发展。这就要求教师要有与时俱进和创新的意识，具备丰富的制革实践经验和扎实的专业基础知识；要求学生在掌握专业基础课程的基础上，在学好先行专业课的前提下，在学本课程的同时，注意与并列专业课知识的联系。

四、教学效果

在以前的教学过程中，学生普遍感觉内容多、范围广，学时少、课程难，对课程的学习有迷茫感。授课教师用传统教学方法和教学手段，效果差，也不适合当代大学生的教学目标要求。为此，本课程授课教师结合时代要求，用创新的思路，有意识地调整教学内容，避免了一味地、单纯地知识传授。教学过程中尽可能地通过创造环境和经验，使学生独立探索、发现适合自身的认知模型，并通过“授之以渔”的教学方式帮助学生合理构建认知模型。

在课程中有意识地融入思政教育，不仅赢得学生的欢迎、喜爱和认可，使学生的学习目的更明确，综合素质与能力得到显著提高；更为重要的是，在教学过程中思政教育的融入，为学生建立了良好的职业基础，学生在毕业后能够很好地用同样的模型、相同的语言、相近的认识与同行业、同学科的人交流，得到学校督导组的充分肯定，以及同行、皮革企业和相关院所的广泛认可，每年皮革专业的毕业生都非常抢手。

本课程的教学改革已取得一定成效，学生在“课程思政”的引导下，表现出对本课程学习的极高热情。多样化的课堂教学模式，提高了学生的学习兴趣；创新意识与创新能力的培养、团队意识与合作能力的培养，提高了学生的综合素质与能力。基于课程赋予的创新能力和运用知识解决实际问题的能力，学生积极参与教师各类科学研究课题，参与国家级、校级等大学生创新创业训练计划项目和大学生科技创新大赛。

鞣制化学与工艺学

曹珊

一、课程基本情况

“鞣制化学与工艺学”是轻化工程专业(皮革化学与工程方向)本科生的专业骨干课程之一，是一门与实践结合紧密的理论课程。本课程共 48 学时，3 学分，在大学二年级下学期开设。

本课程内容主要包括皮革鞣前准备和鞣制部分的相关化学知识和理论，各个工序的工艺操作要点、注意事项，以及相关的现代制革清洁化技术。它与无机及分析化学、有机化学、高分子化学与物理、生物化学、天然高分子科学等学科相关，还渗透到环境科学与生物学等领域。本课程在以皮革生产工艺相关知识为主要教学内容的基础上，使学生能够掌握制革生产的基本概念与主要流程，了解工艺实行的理论依据与实践方法，为从事本行业提供了必要的基础知识。在德融课堂方面，通过对清洁化技术的教学，培养了学生在生产中的环保意识与可持续发展意识，加强了思维习惯的培养与自主思考的能力，从而提高学生的科学素养与人文素养。

二、德融教学设计及内容

“鞣制化学与工艺学”是从事皮革化学与工程专业的基本课程。在制革生产中存在着不可忽视的污染问题，本课程在教学中进行设计，贯入了“生态、环保、可持续发展”的思想，从而使学生的综合素质和能力得到提高；使其未来在从事本行业时，能够具有低污染、高效率的工艺开发与应用思维方式，对于行业发展及我国环境保护有着现实和长远的意义。

(一) 构建课程组织体系

在把原料皮制成符合产品品质需求的成革过程中，根据制革企业的生产条件与产品品质的要求差异，一般有三十多道工序。在本课程教学中，按照实际生产工艺，对鞣前准备工段与鞣制工段进行了教学。其中，鞣前准备工段是将原料皮处理为适合鞣制的裸皮的生产过程，鞣制工段是使裸皮稳定化形成湿革的过程。

(1) 在鞣前准备工段教学过程中，介绍了生皮受酸碱度影响下充水和膨胀的原理及影响因素。对浸水、脱毛、浸灰、脱灰、软化、脱脂、浸酸和去酸的目的、方法、原理、影响因素，以及清洁生产工艺进行了教学。使学生了解和掌握了鞣前准备各工序的目的、原理及影响因素，了解了鞣前准备的清洁化技术。

在鞣制工段教学过程中，介绍了铬鞣、其他无机鞣、植鞣、合成鞣剂鞣等鞣制过程中鞣剂的组成及鞣革特点，分析了相关鞣制的机理及影响因素。铬鞣作为皮革生产中最主要的鞣制方法，有针对性地讲述了铬鞣清洁化生产技术方法、实施原理及技术要点。使学生了解和掌握了鞣制工序的作用、方法、鞣制机理及影响因素，了解了鞣制清洁化技术。

(2) 在本课程授课过程中，紧密结合对学生的毕业要求设立了课程目标，培养了学生正确的人生观、道德观、科学观，把立德树人的根本要求落到实处，引导学生求真向善，加强自身修养，具备执着探索的科学精神。有关本课程的课程目标与学生毕业要求的结合如表 15-1 所示。

表 15-1　鞣制化学与工艺学课程目标

毕业要求	毕业要求指标点	课程目标
工程知识：能够将数学、自然科学、工程基础和专业知识应用于解决皮革工程领域复杂工程问题	能够将工程和专业知识用于皮革工程问题解决方案的设计和改进	课程目标 1：掌握皮革鞣前准备和鞣制部分的相关理论知识，各工序的工艺操作要点和影响因素，能够将专业知识用于皮革工程问题解决方案的设计和改进

(续表)

毕业要求	毕业要求指标点	课程目标
设计/开发解决方案：能够设计针对复杂皮革工程领域复杂工程问题的解决方案，设计满足要求的系统、处理单元或工艺流程，在设计环节中能够体现创新意识，并考虑社会、健康、安全、法律、文化、环境及经济等因素	能够根据市场、技术发展或生产需求，运用皮革工程相关的专业知识和理论，设计开发满足特定需求的工艺流程或系统，并在设计中体现创新意识	课程目标 2：了解和掌握鞣前准备和鞣制过程的清洁化生产技术，能够根据市场、技术发展或生产需求，运用皮革工程相关的专业知识和理论，设计开发满足特定需求的工艺流程或系统，并在设计中体现创新意识

根据本课程的课程目标，教师可以对教学过程进行主导，对教学环节进行进一步的分析与优化，将对学生的综合素质培养贯彻整个教学过程，使学生增长知识、提高能力、提升素质。

(二) 引入新型教育方式

引入翻转课堂教学模式，将学习的决定权从教师转移给学生。在这种教学模式下，使学生在教学过程中能够更专注于主动的基于课程的学习，从而获得更深层次的理解。学生在课前完成自主学习与文献阅读，建立思维导图，自主规划学习内容、学习节奏、风格和呈现知识的方式。而教师则采用课程授课法和团队合作法来满足学生的需要和促成他们的个性化学习，从而让学生的知识掌握得更牢固。翻转课堂的教学模式如图 15-1 所示。

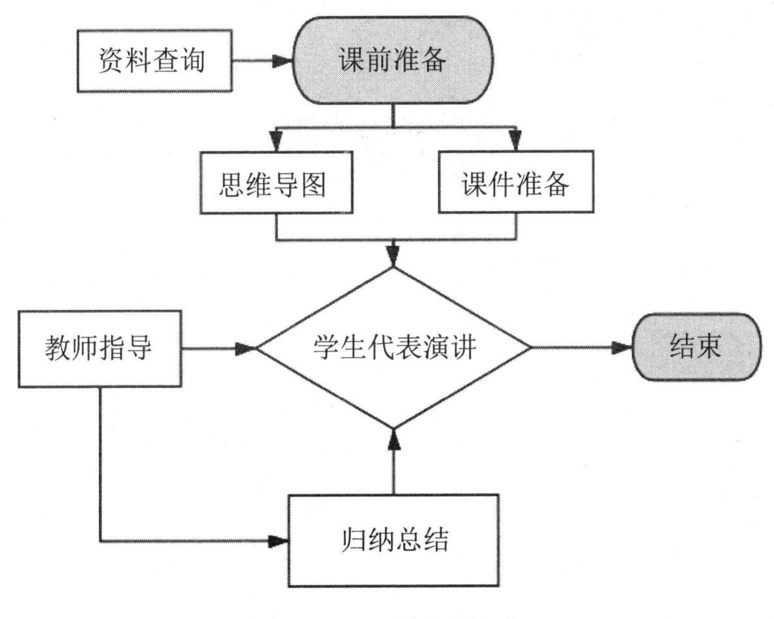

图 15-1　翻转课堂教学

这种教学方式能够使师生充分互动，学生代表演讲使学生能够主动思考并表达，锻炼了学生的思维能力与表达能力。为了完成演讲任务，学生必须主动阅读书籍、查阅资料、消化整理并使用软件总结。通过一系列课前准备，学生对知识的探索、整理、运用等方面的能力均能够得到提升。同时，使教师能够更加准确地把握学生对重点、难点的掌握程度，从而可以更有针对性地开展教学。通过这种方式，学生的课堂专注力得以提高，变被动参与为主动参与，使自主学习能力得到明显的提升。学生的思维导图范例，如图 15-2 所示。

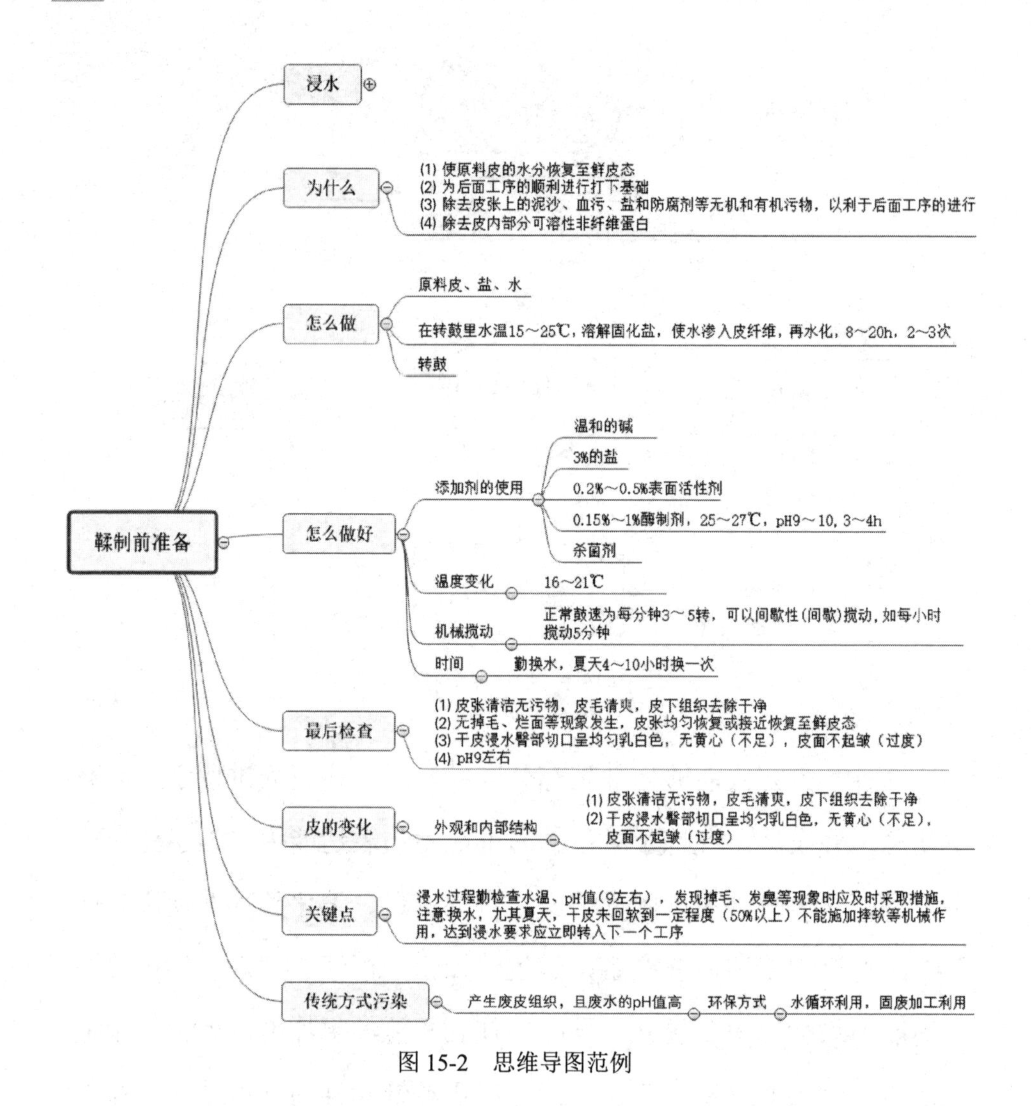

图 15-2 思维导图范例

(三) 具化考核内容和评价方法

在考核设计上，采取期末考试成绩占 70% ，平时成绩与考勤占 30%，鞣前准备模块与鞣制模块分开计分的方式进行考核。平时作业(18%)，出勤情况、小测验和课堂表现(12%)。相比于传统的考核，本课程针对课程目标要求，对各个环节的分值占比进行了较为合理的分配，从而能够更具针对性地掌握学生对各个课程目标指标点的掌握情况。课程考核内容、考核方法对课程目标的支撑如表 15-2 所示。

表 15-2　课程考核内容、考核方法对课程目标的支撑

课程目标	考核内容	考核方法			
		平时作业	平时表现（出勤、小测验、课堂表现）	期末考试	合计
课程目标 1	平时测验、课堂提问和期末考试中关于理论知识、基本的问题分析的测试题	10%	8%	42%	60%
课程目标 2	平时作业和期末考试中关于问题分析和创新意识的测试题	8%	4%	28%	40%
合计		18%	12%	70%	100%

在此基础上，让学生明确考核标准。其中，平时成绩中的作业部分按照百分制评分，求出各次作业的平均分，作业评分标准如表 15-3 所示；试卷部分按照期末考试的参考答案和评分标准进行评分，卷面采用百分制评分。

表 15-3 作业评分标准

观测点	评分			
	80～100 分	70～79 分	60～69 分	0～60 分
作业完成进度及态度(权重 0.2)	按时完成，内容全面、正确，书写规范、清晰	按时完成，内容较全面，书写基本规范、清晰	后期补交，内容基本完整，书写基本规范、清晰	未完成或内容不完整，书写不规范、不清晰
作业质量(权重 0.8)	内容正确，能够查阅文献，阐述全面	内容大部分正确，文献阅读与总结不全面	内容部分不正确，没有查阅文献	内容多数不正确，或存在抄袭

(四) 德融教学内容

本课程的德融教学设计和内容如表 15-4 所示。

表 15-4 德融教学设计和内容

章节	知识点	思政元素	实现方式
第一章 鞣前准备	了解和掌握鞣前准备各工序的目的、原理及影响因素，了解鞣前准备的清洁化技术	在鞣前准备过程中，要通过清洁生产及废弃物利用减轻环境污染，让学生充分理解国家提倡发展绿色经济的政策	图片教学，视频教学，讨论式教学，翻转课堂
第二章 铬鞣	了解和掌握铬鞣工序的作用、铬鞣的方法、鞣制机理及影响因素，了解铬鞣的清洁化技术	通过高吸收铬鞣法等清洁技术的教学，使学生充分认识到行业的可持续发展战略	图片教学，视频教学，讨论式教学，翻转课堂

(续表)

章节	知识点	思政元素	实现方式
第三章其他无机鞣	了解和掌握锆鞣法、铝鞣法、铁鞣法、钛鞣法、硅鞣法、无机鞣剂结合鞣法等的鞣革特点、鞣革机理及影响因素，了解无机鞣剂结合鞣法的目的、方法及鞣制机理	通过多种无铬鞣法，引导学生认识到创新的重要性和创新的途径，培养学生关心时政、关注行业发展趋势	讨论式教学，科研实践教学，实物立体化教学
第四章植物鞣剂及鞣法	了解和掌握植物鞣剂的种类及改性方法、植物鞣液的物理化学性质、植物鞣法及植鞣机理，植鞣的影响因素	植鞣历史悠久，有较大的发展空间，可引导学生认识到学习科学知识的重要性，有利于促进学生的德智培养	图片教学，讨论式教学，翻转课堂
第五章其他有机鞣剂和鞣法	了解和掌握合成鞣剂、醛鞣剂、油鞣剂、树脂鞣剂及鞣革机理、影响鞣制效果的因素，了解各种有机鞣剂的鞣革特征	通过学习合成鞣剂等有机鞣剂，让学生理解化学合成和自然生成的多样性和共存性，有利于学生树立正确的人生观、价值观和世界观	图片教学，讨论式教学，翻转课堂
第六章复鞣	了解和掌握常用复鞣剂及复鞣法、复鞣的原理和影响因素等，鞣剂电荷性和结构对复鞣效果的影响	引导学生认识皮革生产过程是紧密联系的整体，建立系统论的思维模式	图片教学，讨论式教学，翻转课堂

三、教学方法及手段

为了达到德融教育自然融合的目的，在教学过程中要重视学生的专注力与主动性。近年来，网络技术飞速发展，学生获得知识的途径越来越广，然而在获取碎片类信息能力上升的同时，长期专注度有了明显下降。因此，对课堂教育的广度与深度都提出了更高的要求。如何使学生在课堂上能够专注摄入知识，把枯燥的工科理论讲得生动化，对教师而言是一个巨大的挑战。在“鞣制化学与工艺学”的授课过程中，以传统讲授教学法为基础，结合学科发展前沿与现代新媒体技术来提高课堂的趣味性，具体方法及手段如下。

(一) 视频教学

通过视频教学引入皮革的工艺生产概况，使知识直观化、具象化，使学生的印象更加深刻。通过使用国际性的制革生产视频，使学生对目前世界范围内的整体制革水平有初步认识；在此基础上，通过讨论、提问等方式，使学生了解到我国制革工艺的进步空间与方向。从而使学生能够在进行技术开发与应用时，重视安全问题与环境影响，而不是单纯地进行利益追逐，帮助学生培养正确的价值观。

(二) 图片教学

在教学过程中，引入成品革及制品的相关图片，将其表观性能与制备工艺相联系，引出工艺上需要重视的各个工序的方法、原理及影响因素，并进行清洁生产工艺的讲解。此外，与视频教学相比，图片教学更容易对细节进行直观化与具象化。对生产中的相关应用性机制更容易通过数值与图像的结合，使学生能够看到更加清晰的对比，从而对理论知识有更深刻的掌握与认识。比如，在生皮的膨胀作用讲解中，通过介绍生皮在酸碱中的膨胀曲线，如图 15-3 所示，使学生能够更加深刻地了解生皮在不同 pH 下的吸水量，从而更好地理解在整个制革鞣前准备工段中调整 pH 的效果与意义。通过图片教学，能够培养学生产生由点及面的意识、由微观到宏观的思维，把形象思维与理工思维相结合，加强从细微处看世界的形象思维能力，从而与德融教学相结合，使学生思维具体而全面。

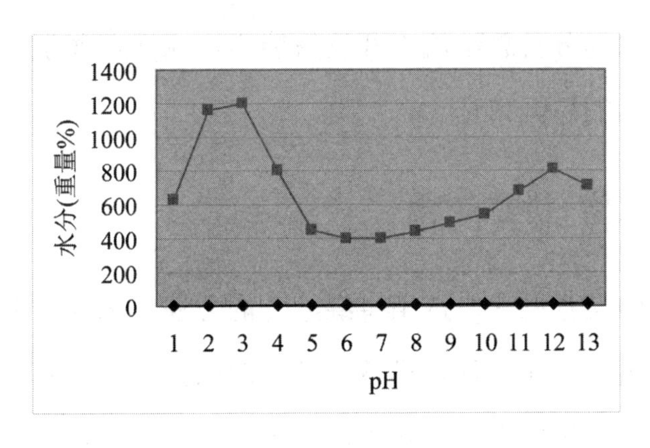

图 15-3　生皮在酸碱中的膨胀曲线

(三) 案例探究式教学

采用案例探究式教学，来增加课堂的启迪性与趣味性。以鞣制过程中的“铬鞣”这一节教学为例，引入目前实际生产中的铬鞣状态，总结铬鞣液的组成与鞣制性能的关系，并与铬鞣的常用方法及特点相对应，使学生了解和掌握铬鞣工序的作用、铬鞣的方法、鞣制机理及影响因素，明确了本节内容的重要性。在此过程中，运用启发式教学方法，使学生对影响铬鞣法的因素及铬鞣法的实施进行分析总结及反思，并体会铬鞣的清洁化生产技术方法和实施原理及技术关键。在这个过程中，特别要求学生的思维清晰，逻辑明确。

从这个示例我们可以看出，在案例教学中，可以把学生的日常形象化思维能力与理工思维逻辑性相结合，并引入一些文科思维上对环保的道德性与关注度，有助于培养学生的科学精神及环保意识。在知识点的讲解过程中，注意内容的逻辑性及各部分之间的因果联系，提高学生的分析总结能力和反思能力，从而培养学生的理工思维，形成科学的思维习惯。

(四) 翻转课堂 讲练结合

引入翻转课堂模式，运用讲练结合的方法，把传统讲授法教学模式变更为由学生在教师指导下主动获取知识的教学模式。将学生进行分组，利用小组合作形式来进行查阅资料、准备课件、汇报等团队协作行为，从而培养了学生的团队协作精神。在讲述重点章节之前，教师会进行课堂讨论题的布置与查阅资料方向指导。然后，学生查阅各种文献并用自己的语言进行讲解，不同小组的学生会形成其特有的讲解风格。在各小组讲解后，教师以组织者的身份引导学生思考讲解过程中的不足，对知识点进行查漏补缺，启迪学生的创新精神，使其对解决科学问题形成兴趣。新的教学模式不仅培养了学生的资料查询、文献阅读、综合分析、软件运用、口头表达等多方面的能力，还培养了学生的团队协作意识，以及勤于思考、勇于创新的科学精神。

四、教学效果

通过多种教学方法相结合的新型教学模式，可以有效调动学生学习的积极性，将课程的作用由单向的知识灌输转化成对学生综合素质的全面培养，从而提高学生的自主学习能力，使学生思维方式更加具有开拓性；同时，学生的探索能力、辨别能力、总结能力、沟通能力、文字表达能力、口头演讲能力均得到了全面培养。使学生能够切身感受到科学素养的重要性与普遍性，逻辑思维能力得到显著提高，养成辩证看问题的习惯。

专业综合实验(皮革方向)

田荟琳

一、课程基本情况

“专业综合实验(皮革方向)”是轻化工程专业(皮革化学与工程方向)的专业基础必修实验课，共100学时，4学分，在大学四年级上学期开设。

本课程的特点是专业性、综合性和实践性强，通过本课程的学习，加深学生对制革基本内容、基本理论的理解，熟悉制革过程的基本工艺操作，掌握各工序的关键技术及其终点的判断方法；掌握分析、解决制革加工过程中的典型问题的能力；掌握制革加工过程的特点，初步具备完整的制革工艺设计及管理能力和对制革加工过程中的问题进行研究、分析并得到有效结论的科学方法。综合考虑本课程的特点和毕业生从事的岗位需求，以培养兼具国际视野、工程素养和创新能力的“新工科”人才为导向，本课程的思政教学目标：培养学生实事求是、尊重自然规律的科学态度；培养学生的动手能力，提高分析问题、解决问题的能力；懂得“工匠精神”的本质，养成勇于克服困难的精神，树立正确人生观、世界观及价值观。

二、德融教学设计及内容

本课程在教学过程中，根据专业特点、课程特点和学生特点，围绕课程目标，充分发掘课程思政元素，将课程思政充分融入课程教学设计，把课程思政落到实处，使学生在学到专业知识的同时加强道德教育，确保课程思政教学目标实现。

(一) 课程内容分析

本课程一直在不断优化教学内容，加大综合实践教学的创新性环节比重，突出对学生的实践创新能力的培养，提高学生的科研综合素质和管理组织生产过程的能力。本课程的教学内容包括两大方面，分别是制革加工的全过程实操和制革过程中的分析检测。制革工艺实验涵盖了从原料皮到成品的数十道工序，主要考查学生对专业知识的综合运用能力；在工艺实验过程中，对学生不仅提出了掌握制革基本理论的低阶要求，也根据学生情况提出了积极探索、主动思考、建立全面考虑问题的科学方法、勇于创新、团队合作等高阶要求；在过程分析实验中，通过结合时势，培养学生建立正确的人生观、价值观、工程伦理和可持续发展的环保意识等。

本课程的德融教学设计和内容如表 16-1 所示。

表 16-1　德融教学设计和内容

章节	知识点	思政元素	实现方式
第一章 制革工艺实验	原皮分析、浸水、去肉脱脂、脱毛、浸灰、脱灰、软化、浸酸、鞣制、蓝皮回软、复鞣、中和、染色、加脂、做软、涂饰成革物理机械性能检测	崇尚科学、严谨治学的态度，理论联系实际、思辨能力、大局观、工匠精神、团队合作、勇于创新	课堂举例，案例分析，问题导向式教学，关联比较，实验过程考核
第二章 制革过程分析实验一 硫化钠含量测定	在碱性介质中，以高铁氰化钾为滴定剂，以亚硝酰铁氰化钠为指示剂，硫化钠被氧化为硫，赤血盐被还原为黄血盐(即亚铁氰化钾)，指示剂先与硫生成深紫色络合物，滴定至深紫色消失时即为滴定终点。根据消耗的滴定剂的体积即可计算出硫化钠的含量	科学精神和工匠精神、团队合作	启发式教学，实验过程考核
第二章 制革过程分析实验二 铬鞣剂分析	1. 铬含量测定 先用氧化剂将三价铬氧化成六价铬，然后用还原剂间接滴定。 2. 碱度测定 用标准氢氧化钠溶液滴定煮沸状态下的铬鞣液中的酸	科学精神和工匠精神、可持续发展与环保意识、团队合作	启发式教学，实验过程考核

(续表)

章节	知识点	思政元素	实现方式
第二章 制革过程分析实验三 废铬液分析	废水经消化后在酸性条件下，用高锰酸钾将三价铬氧化为六价铬，过量的高锰酸钾用亚硝酸钠分解。过剩的亚硝酸钠再用尿素分解。在酸性溶液中六价铬与二苯碳酰二肼反应，最终生成紫红色络合物，用分光光度法测定该有色物质的吸光度，通过标准曲线，计算出废水中的铬含量	“绿水青山就是金山银山”，必须树立和践行习近平总书记关于生态文明建设的重要论述，坚持人与自然和谐共生。坚持节约资源和保护环境的基本国策。 工程伦理(文化、环境、安全)与职业道德、团队合作	课堂举例，理论推导，生活实例，实验过程考核
第二章 制革过程分析实验四 制革废水 COD 测试	在强酸性溶液中，用重铬酸钾将水样中的还原性物质(主要是有机物)氧化，过量的重铬酸钾溶液以试亚铁灵为指示剂，用硫酸亚铁铵溶液回滴。根据所消耗的重铬酸钾量计算出水的化学耗氧量	社会主义核心价值观、可持续发展与环保意识、工程伦理、职业道德、团队合作	案例式教学，实验过程考核

(二) 课程教学过程控制

分别从教师和学生两个层面来考虑，将德育内容引导到整个教学过程中。

1. 从教师角度出发

教师应时刻牢记自身的示范作用，不仅做到言传，也要重视身教，注重自己的课堂行为规范，也应保持“学无止境”的求知欲，尊重学生提出的想法和不同意见，在与学生交流讨论的过程中帮助学生找到科学的解决方案，让学生感受到教师严谨、求真、敢于探索的科学精神，从而帮助学生建立正确的人生观和价值观。

此外，教师应向学生明确课程纪律和考核标准，有利于学生找准课程学习的方向。对于部分基础较差或者自律意识不强的学生，教师也应保持足够的耐心，与其进行沟通的前提下，适度告诫，帮其建立正确的学习观。

2. 从学生角度出发

本课程致力于强化学生的主体地位，转变其固有观念，充分发挥学生的创造性和自主性，在课程学习过程中通过多方面综合考核和学生互评的方式来督促学生时刻保持饱满的激情投入到实验中。

此外，学习过程本身也能起到积极的思政教育作用。一方面，学生在持续的探究、实操过程中，能夯实专业基础，养成良好的专业素养；另一方面，老师用哲学的原理和方法进行巧妙地引导，有利于学生掌握科学的思维方式和方法论，提升解决问题的能力。在实验操作环节，进行应用、检验和强化，使学生掌握相关技能，同时深刻地体会到理论与实践的统一性，从而达到提升思想认识和锻炼品格的效果。

三、教学方法及手段

本课程充分发挥课程的德育功能，提炼课程中蕴含的文化基因和价值范式，将其转化为社会主义核心价值观具体化、生动化的有效教学载体，在“润物细无声”的知识学习中融入理想信念层面的精神指引。本课程主要采用以下教学方法和手段来实现课程思政目标。

(一) 问题导向式教学

以“制革加工过程中出现的典型问题”为线索，结合课程教学内容，让学生在情境中合作探究问题、创新性地解决问题，从而建构新知识、习得专业技能，强调工程理论思维方法的建立和应用。这改变了传统的实践教学中学生仅仅单纯的“讲与听”“看与做”的学习模式，使学生有足够的探索空间、师生有更多互动时间，实践教学的教师具备“亦生亦师”双重角色。在解决问题的过程中，不仅有助于激发学生的实践学习兴趣，还有助于学生体会职业成就感和建立职业认同感，培养学生的实践能力、创新能力、团队合作及严谨的科学探索精神，建立正确的人生观和价值观，在不断的努力中，逐渐体会工匠精神。

(二) 随机渗透

在实验过程中，教师注意观察不同组的实验进度和实验现象，若发现典型案例，教师及时介入，带领学生观察、分析和讨论，借助实验现象的视觉冲击，强化学生的印象，增强其对课程知识的掌握。在这一过程中，不仅有效地提高了学生的学习效果，而且教师严谨、认真的教学态度及对学生的严格要求，都会对学生产生潜移默化的作用，帮助其升华人生观和价值观，培养其敏锐的观察和思考分析能力，初步具备工程师品质。

(三) 项目式教学法

在开课时，教师向学生明确整个工艺实验过程中需要对鞣前准备、鞣制和鞣后湿染整工段进行总结并分析，提交相应的总结报告，要求汇总全套的制革加工工艺，并着重统计制革过程参数的变化；此外，明确该总结报告在课程成绩中的比重。在任务的驱动下，学生做实验的过程中，自主学习和主动思考的氛围会越来越浓厚，对团队合作也越来越重视；此外，学生们还利用实验空隙，对实验结果进行激烈的讨论和交流(见图 16-1)，取长补短；延伸到日常生活中，提醒学生要善于观察，积极地发现生活和同学的美好，取他人之长补己之短；也要注意建立包容的人生观，没有绝对的完美，我们要培养自己海纳百川的胸怀。

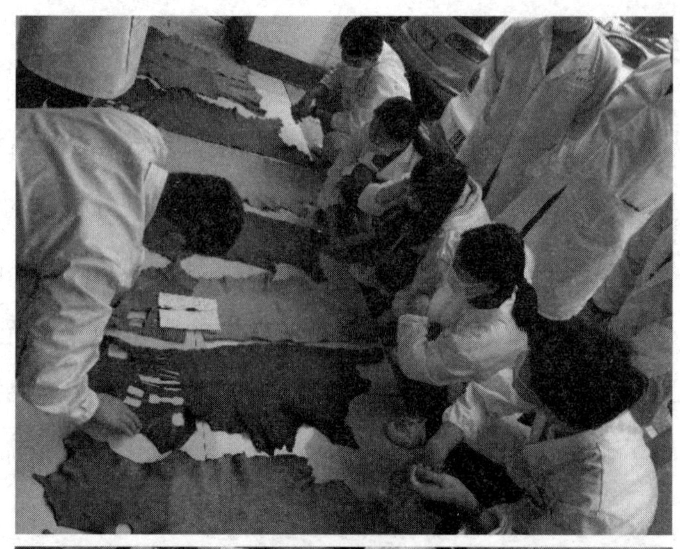

图 16-1 实验过程中同学间的讨论交流

(四) 加强过程性考核

本课程的课程目标及考核方式如表 16-2 所示。

表 16-2　课程目标及考核方式

<table>
<tr><th>课程目标</th><th colspan="2">评价依据</th><th>权重/%</th><th>主要考核内容</th></tr>
<tr><td>掌握制革的基本内容、基本理论，熟悉制革过程的基本工艺操作，掌握各工序的关键技术及其终点的判断方法</td><td colspan="2">实验报告</td><td>22</td><td>制革基本理论及关键技术的掌握</td></tr>
<tr><td rowspan="3">掌握分析、解决制革加工过程中的典型问题的能力，培养学生的动手能力和自主创新能力</td><td colspan="2">实验报告</td><td>22</td><td rowspan="3">实验态度、实验数据记录及发现问题、分析问题、解决问题的能力</td></tr>
<tr><td colspan="2">课代表评价</td><td>5</td></tr>
<tr><td colspan="2">教师评价</td><td>5</td></tr>
<tr><td rowspan="2">掌握制革加工过程的特点，初步具备完整的制革工艺设计及管理能力，包括制革加工的工艺平衡、得革率计算、制革废水的处理等</td><td colspan="2">课代表评价</td><td>5</td><td rowspan="2">实验小组团队合作能力，实验操作水平，善于思考，根据实验状态及时修订工艺流程</td></tr>
<tr><td colspan="2">教师评价</td><td>25</td></tr>
<tr><td rowspan="2">掌握对制革加工过程中的问题进行研究、分析并得到有效结论的科学方法</td><td>实验报告</td><td>鞣前总结、鞣后总结</td><td>6</td><td rowspan="2">归纳总结完成的实验任务，对数据进行深入处理，并对典型问题进行深入研究和分析</td></tr>
<tr><td colspan="2">教师评价</td><td>10</td></tr>
</table>

本课程采用创新考核评价体系，改变传统的由教师单方面评价的考核方式，突出考核创新性解决问题的能力和以学生为主的师生共同考核体系。在这个过程中强化学生的主体地位，以学生亲自动手做的实际样品为依据，考核对专业整体内容的掌握情况及处理实际问题的能力，突出考核创新性解决问题的能力。学生被赋予一定的考核权力后，有助于深化感受其“主人翁”身份，对课程的参与度会大大提高，充分发挥评价的导向、激励和自省作用。学生经过一轮的系统学习后，积极的人生观和价值观得到了夯实，严谨的科

学探索精神也在逐渐建立，注重团队合作的意识、解决复杂工程问题的能力和大局观的工程师品质也在逐渐凸显。

四、教学效果

专业课的课程思政可以活跃课堂气氛，提高教学效果，真正做到课堂“三分钟”，育人“细无声”。通过融入德育教育，本课程教学在学生中获得良好的反馈。

首先，学生们的学习态度得到了大大的改善，课堂积极性和参与度都得到了提高。在课堂理论教学过程中，学生的听课专注度有所改善，在教师讲解的过程中，学生也在不断地回忆并梳理已学过的专业知识，加深了对本专业的认知和对知识的理解。

其次，学生们的科学作风更加严谨。在实验过程中，学生能够主动思考，提出自己的见解，动手能力得到了较大的提高，实验报告的撰写也更加规范。

再次，团队协作的精神更加突出。在整个课程实验过程中，均以两人一小组来完成整个实验内容，同组内的工作分配更加和谐，彼此配搭更加默契；在涉及耗时较长的实验项目测试时，不同组间的进度协调也更加合理；在上课过程中，大多数学生都能积极参与到实验项目中，分工明确，协调有序。

最后，要引导学生们深入思考问题，积极探索未来。因为本课程的专业性和综合性，可以提前让学生体验工厂工作的成就感，借机强化学生们的职业认同感，促进毕业生在本行业的就业率和考研率。同时，告诫学生们，凡事只有亲身经历才能做出合理的判断，正所谓“没有调查就没有发言权”，凡事一定要实事求是，勇于探索。总的来看，经过本课程的学习，学生们对本专业的认同感得到了有效的提高。

毛皮工艺学

刘东磊

一、课程基本情况

“毛皮工艺学”是轻化工程专业(生物质与制革工程方向)的专业方向课，共32学时，3学分，在大学三年级下学期开设。

本课程主要包括毛皮加工的基本知识、基本原理及毛皮清洁化生产等相关内容。本课程以“无机化学”“有机化学”“生皮化学与组织学”课程等为基础，开设在“皮革鞣制化学与工艺学”“皮革整饰化学与工艺学”和“制革助剂”课程之后。

本课程的教学目标分为三部分，分别是知识目标、能力目标和素质目标。

【知识目标】培养学生掌握毛皮加工的基本内容、基本原理、基本操作和关键工艺节点控制。

【能力目标】培养学生知识综合运用的能力(平衡前后工艺、生产过程控制、生产工艺设计等)，可分析解决毛皮加工过程中的复杂工程问题。

【素质目标】培养学生的科学思维、创新能力和在实际生产中灵活运用专业知识的能力。

本课程在授课过程中将社会主义核心价值观作为核心内容整体、科学、有序地融合进三个课程教学目标之中，注重加强对学生的世界观、人生观和价值观的教育，积极引导学生树立正确的国家观、民族观、历史观、文化观，从而为社会培养更多德智体美劳全面发展的人才，为中国特色社会主义事业培养合格的建设者和可靠的接班人。

二、德融教学设计及内容

毛皮工艺学课程与思政课一样都具有很强的实践性和应用性。因此，本课程从培养计划制订、教学大纲设计到课程的讲授充分结合自身专业知识的特点融入做人做事的道理，把立德树人的根本落到实处，实现课程与思想政治理论课的同向同行，实现协同育人，培养“德育”“智育”的双优人才。

本课程的德融教学设计和内容如表17-1所示。

表 17-1　德融教学设计和内容

章节	知识点	思政元素	实现方式
第一章 毛皮原料皮	原料皮概况 原料皮组织结构特征 毛被组成及性质 毛皮常用原料皮 世界毛皮原料皮贸易形式	可持续发展与环保意识、崇尚科学、严谨治学的态度、理论联系实际、思辨能力、大局观、创新精神	图片视频教学，关联比较
第二章 鞣前准备	原料皮的初步处理 浸水 脱脂 酶软化 浸酸 鞣前准备的机械操作	可持续发展与环保意识、理论联系实际、团队合作	团队课题式教学，问题导向式教学，讨论式教学
第三章 鞣剂与鞣制	无机鞣 铬盐鞣制；铝盐鞣制；铬-铝结合鞣质；其他鞣制方法。 有机鞣 醛鞣；植鞣；油鞣；其他有机鞣法	科学创新精神、可持续发展与环保意识、团队合作	团队课题式教学，案例探究，多种形式考核
第四章 湿态整饰	复鞣 复鞣作用；复鞣方法。 漂白与褪色 漂白；荧光增白增光；褪色。 染色 颜色的理论与颜色的拼配；毛皮常用染料的选择与性质；毛皮染色的理论；用氧化染料染色；用酸性染料染色；毛皮染色的操作实例；毛皮染色中常出现的问题和消除方法。 加脂 天然油脂；矿物油加脂剂和合成油脂；国外的加脂材料；毛皮加油的目的；加油材料与皮胶原的相互作用；毛皮加油的方法	持续发展与环保意识、理论联系实际、工程伦理(文化、环境、安全)与职业道德、团队合作	团队课题式教学，问题导向式教学，课堂举例，生活实例，过程考核

(续表)

章节	知识点	思政元素	实现方式
第五章 干态整饰	干燥 干燥的目的；毛皮组织中所含水分的性质；干燥机理；干燥的方法；影响干燥的因素；毛皮在干燥中的变化 毛皮整理 回潮；勾软与铲软；皮板脱脂；漂洗；滚转、拉伸；打毛；梳毛；剪毛；除尘；量尺	可持续发展与环保意识、团队合作、工程伦理与职业道德	图片视频教学，案例探究，团队课题式教学
第六章 毛皮工艺实例	普通毛皮工艺；羊剪绒工艺；毛革工艺；细皮工艺；低档毛皮仿制高档毛皮工艺	可持续发展与环保意识、团队合作	图片视频教学，案例探究，问题导向式教学，团队课题式教学，企业高工进课堂
第七章 政策法规、毛皮“三废”治理与综合利用	野生动物保护法；国际贸易政策法规；毛皮加工中的清洁技术；环保法规	社会主义核心价值观、可持续发展与环保意识	案例探究，生活实例，问题导向式教学

三、教学方法及手段

若想与学生建立好互动的课堂，就要及时了解和把握学生的思想状态，否则很容易与现在的大学生们思想脱节。将他们的日常动态、所接触的社会热点、所关心热衷的问题、国际形势动态、感兴趣的专业等，作为我们思考设计课程的切入点，顺势导入思政元素，由远及近，由表及里，巧妙融合，无缝对接。传统守旧的教案内容与新潮鲜活的话题相结合，刻板严肃的教学方式与多样化的教学形态结合，使学生有更强的代入感，体会到自己是社会重要的参与者之一，使学生对课程内容充满热情。

为了达到德融教育自然融合的目的，本课程深入挖掘提炼课程中蕴含的文化基因和价值范式，将其转化为社会主义核心价值观具体化、生动化的有效教学载体。培养学生科学严谨的研究精神，保持孜孜不倦的学习态度，强化团队意识、协作精神，培养国家情怀，传承中华传统文化，为实现“中国梦”做贡献。

本课程主要采用以下教学方法和手段来实现课程思政目标。

(1) 图片视频教学，结合教学内容，搜集国内外先进特色企业的生产现场图片和视频，教学内容紧跟学科前沿、紧贴实际应用。如在讲述第一章毛皮原料皮的种类时，结合图片、视频重点介绍我国独有的驰名中外的传统原料皮品种：滩羊皮、小湖羊皮、青猾皮等，让学生在增强专业认识、提高专业学习兴趣的同时了解自己的传统文化，提升自己的民族自豪感，培养爱国情怀。

(2) 问题导向、案例探究式教学，在课程授课过程中提前抛出典型问题、典型案例。如“为什么加脂前要进行脱脂操作？”“采取什么措施可以达到染毛不染皮板，染皮板不染毛，皮板和毛兼染？”让学生带着问题去学习，不仅能提高学生的学习兴趣，而且能让学生在学习理论知识的同时培养独立思考，分析问题、解决问题的能力，培养学生求真务实、科学严谨的科研态度。

(3) 团队课题式教学模式，以课题为线索，学以致用贯穿全程，学生在学习知识中体验知识的应用，培养专业应用型人才，提升学生专业综合素质和应用技能。在教学中导入“真题实做”的团队课题式教学，协同创新的教学形式，实现社会行业需求与高校人才培养的无缝对接。在本课程开课前，学生首先以团队小组的形式自选一项课题，团队课题与课程授课同步进行，团队协作分工，共同完成从毛皮准备工段一直到毛皮成品整个加工过程中的工艺设计，材料、设备选择，工艺参数控制等。课程的最后，全班同学以团队报告的形式进行汇总展示、答辩、评比讨论。在提高学生集体意识、团队合作精神的同时，还可以将专业课程知识、工程训练、毕业设计等课程串联起来，实现各课程教学内容的融汇，全方位、多角度、多层次巩固所学知识，达到融会贯通、活学活用的目的。

(4) 课上的“教”与“学”、课下的“习”与“用”同步，结课时的课题汇报、答辩及考试结束时的现场讨论，师生共同参与教学过程，提升教学效果，实现对学生学习全过程和学生综合素质的全面考核。

(5) 企业高工进课堂，引入市场新动态、新产品与新技术，开阔学生视野。本课程先后邀请行业协会专业委员会专家及知名企业负责人走进课堂，让学生跳出自己的思维模式，从企业管理人员的角度来看问题、分析问题、解决问题，即通过“跳出来看＋换位思考”的方式，培养学生全面思考问题的能力。

(6) 多元化、多样性考核评价体系，充分发挥评价的导向、激励和自省作用。采用“学生互评”“团队课题”“答辩展示”的评价方式去检验“课程思政”效果，评价“思政元素”引入内容是否准确、引入方式是否得当、引入效果是否具有实效性。从全方位、多层次的角度促进“课程思政”教学效果的评估，从单一的专业成效评估向综合素质、价值观念、社会责任感等综合维度的评估延伸。把定性与定量相结合作为评价的方式方法，不断改进课程评价体系。本课程成绩根据期末考试和平时考核综合评定。其中，期末考试占 70%，平时占 30%，期末考试采取闭卷考试方式；平时考核包括团队课题和综合表现，分别占 20%和 10%。课程目标、考核内容及考核方法如表 17-2 所示。平时考核包括团队课题和综合表现两方面，团队课题采取组内评价和组间评价相结合的方式，组内评价总分 5 分，组间评价总分 15 分，各小组评分后取平均值；综合表现由教师进行评价，总分 10 分，主要考查学生的考勤、课堂状态。团队课题及综合表现评分标准如表 17-3 所示。期末考试按照期末考试的参考答案和评分标准进行评分。卷面采用百分制评分，总评后按照 70%进行折算。

表 17-2　课程目标、考核内容及考核方法

课程目标	考核内容	考核方法			
		团队课题	综合表现	期末考试	合计
课程目标 1	毛皮工艺的基本内容、基本原理、基本操作和关键工艺节点控制	—	—	28%	28%

(续表)

课程目标	考核内容	考核方法			
		团队课题	综合表现	期末考试	合计
课程目标2	分析毛皮在加工过程出现的异常现象，并提出解决方案	—	10%	28%	38%
课程目标3	分析整个毛皮加工过程中的复杂工程问题，平衡前后工艺，培养实际生产控制、工艺设计的能力	20%	—	14%	34%
合计		20%	10%	70%	100%

表 17-3 团队课题及综合表现评分标准

观测点	评分				
组内评分(满分5分)	4～5分	3～4分	2～3分	1～2分	0～1分
	执行力强，很好地与他人合作承担并完成具体任务	执行力较强，较好地与他人合作承担并完成具体任务	具有一定执行力，能与他人合作承担具体任务	执行力较弱，与他人合作承担具体任务的能力较弱	执行力较差，与他人合作承担具体任务的能力差
组间评分(满分15分)	12～15分	9～12分	6～9分	3～6分	0～3分
	制定的工艺准确合理，汇报PPT版面设计美观，汇报讲述逻辑清晰、重点突出	制定的工艺较合理，汇报PPT版面设计较美观，汇报讲述逻辑较清晰、重点较突出	制定的工艺具有一定的准确度、合理性，汇报PPT版面设计一般，汇报讲述具有一定的逻辑性和侧重点	制定的工艺合理性较差，汇报PPT版面设计美观性较差，汇报讲述逻辑性和重点较差	制定的工艺不合理，汇报PPT版面设计差，汇报讲述逻辑性和重点差

(续表)

观测点	评分				
综合表现(满分10分)	9～10分	8～9分	7～8分	6～7分	0～6分
	课堂无缺勤，上课积极性高	课堂缺勤一次，上课积极性较高	课堂缺勤两次，上课积极性一般	课堂缺勤三次，上课积极性较差	课堂缺勤三次以上，上课积极性差

四、教学效果

从目前的教学实践来看，我们已取得了比较显著的教学效果，主要表现在以下几个方面：

1. “相辅相成、相得益彰”地将思政自然融入专业课程

课程与思政，并非简单的加减乘除，而是化学上的催化反应。课程里自然融入思政内容，引人入胜，学生便不会感到生硬突兀；专业知识里添加“思政味”，学生也不会有“被说教感”。因情感共鸣，学生便会从心理上接受，从而使思政内容起到“润物无声”“潜移默化”的效果。另外，在实施课程思政内容时，摒弃传统的教学方法，合理运用图片视频教学、问题导向教学、案例教学，与学生积极互动、展开讨论，使学生在多层次感官上享受课堂，享受寓教于乐的新形势课堂。

2. 将被动的应试式学习变为主动的循序渐进的过程学习

以团队小组自选课题为线索，将课程知识的学习与运用贯穿教

学全过程，创造学以致用的环节，注重个体化差异，强调团队分工协作，使学生以较低的个体时间和精力消耗，完成知识运用的实践体验。

3. 改先学后用为即学即用，激发学生学习兴趣

在专业课实际教学中，因为教学地位和市场需求有一定偏差，广泛存在实践和理论脱节这一矛盾。而造成这一问题的根本原因在于并未编织统一、规范的教学教材方案，因此在教学过程中，教学质量和水平参差不齐。知识先学后用，更加剧了实践和理论的脱节，知识点全靠死记硬背，学生考完就忘。问题导向教学、案例探究式教学、团队课题式教学的综合运用让学生即学即用，改变知识应用滞后现状，加深知识的掌握与运用能力，提升课程目标达成度，彻底改善脱节的矛盾。

4. 建立学生互评为主的考核体系

摒弃传统的单一化的教学评价，平时考核以学生互评为主，根据团队课题完成情况、答辩讨论情况，考核学生对课程知识的掌握程度，突出过程学习与知识应用能力考核，实现对学生综合素质的全面考核。

5. 引入企业、市场新动态、新产品与新技术

邀请企业高工入课堂，让学生及时了解行业动态，开阔学生视野的同时让学生在遇到问题时可以跳出固有模式，换位思考，培养

学生多角度全面思考的能力。

总而言之，本课程在课程思政的引领下，学生整体的学习动力与激情的提升，课堂教学效果与氛围的显著提高，提升了学生的自信，开拓了学生的眼界与思维。课程思政与专业课程的有机融合，有利于培养有担当、有朝气、有家国情怀的新时代毛皮工艺人才。

皮革化学材料学

朱洪霞

一、课程基本情况

“皮革化学材料学”是轻化工程专业(皮革化学与工程方向)的专业核心课，共48学时，3学分，在大学三年级上学期开设。

通过本课程的学习，有利于学生深入理解制革过程的科学内涵，激发学生的学习兴趣，培养学生的创新精神。鉴于轻工科学与工程学院在皮革化学与工程方向具有良好的基础和积累，因此，通过本课程的建设，能够更好地培养、激发和发展学生的兴趣爱好，丰富学生的学科知识，开阔学生的视野，使学生系统地掌握制革所用化工材料的种类、化学结构及其基本性质；本课程旨在熟悉各种材料在制革加工过程中的应用范围和条件，明确各种材料的组成和结构与应用性能之间的相关性，能够正确分析各种材料和皮革相互间的作用机制，掌握制革化工材料的制备原理和工艺方法。

二、德融教学设计及内容

现代制革业的发展离不开皮革化工材料的开发和应用，皮革化工材料与成革性能的优劣密切相关。经过多年的发展，皮革化工材料作为精细化工材料的一个重要分支，具有重要的研究意义。

(一) 德融教学设计思路

我们根据专业的特点，结合课程思政教育的工作需要，坚持“以学习者为中心”的设计取向，使用多元化的思政育人形式，发散思维做到“时时育素养，处处可思政”，从而促进学生从专业培养、职业素养、道德素质等多方位提升自我。

(1) 要充分考虑学科知识的掌握与对学习者兴趣的关注之间的辩证关系。

(2) 坚持基础化学理论和制革实践相结合的原则。

(3) 立德树人，德育为先，注重学生全方位素质的培养，培养专业性人才的同时，不忽视健全型人才的培养。

(4) 通过课程的建设，培养学生的工程意识和创新能力。教学内容应具备科学性、先进性和前沿性。

德融教学设计在具体实施时，将结合课堂讲述和网络辅助的形式，坚持“以教师为主导，以学生为主体”的教学理念。在课堂上采用小组讨论、案例分析、情景模拟、反转课堂等方式进行教学，充分发挥学生的主观能动性，在课外采用网络信息收集、网络自主学习、课后作业提交等教学形式，对课堂内容进行补充和回顾。充分利用这些方法，使学生能够在学好专业课的基础上，融会贯通，树立正确的人生观、价值观、世界观，把立德树人落到实处，潜移默化地实现个人品德的提升。

德融课堂教学的升华是教学环节中非常重要的步骤，在德融课堂的升华中，要合理把握所要升华的“度”，不宜过度拔高，让学生难以接收，应充分考虑学生的需求，把德育内容深入到学生心中。升华德育内容能够加强学生对知识点的掌握，同时，不断地凝练和强化，才能达到理想效果。

(二) 德融教学主要内容

以制革过程及有关参考资料为基础，本课程在皮革化工材料教学内容上分为鞣剂(鞣前助剂、无机鞣剂、植物鞣制)、加脂剂、表面活性剂、涂饰剂、制革助剂。在课程讲解中，深入挖掘德育元素，融入德育教学内容，引导学生深入思考，融入爱国、求实、创新的理念和正确的人生观。

本课程的德融教学设计和内容如表 18-1 所示。

表 18-1　德融教学设计和内容

章节	知识点	思政元素	实现方式
第一章 合成鞣剂	芳香族鞣剂；脂肪族鞣剂；氨基树脂鞣剂；乙烯基共聚物树脂鞣剂；聚氨酯树脂鞣剂	理论联系实际、原创知识产权的重要性、爱国、民族自豪感	课堂视频观看，图片分享，中外对比，课堂讨论，生活实例分享
第二章 表面活性剂	表面活性剂的结构特点；分类方法及各种类型的特点；水溶液中的性质；基本作用；环境安全性	具有创新精神，加强自我修养，新技术、新品种、新方法、新仪器的使用，人类命运共同体	讨论式教学，BOPPPS 教学方法，科学实例的分析
第三章 皮革加脂剂	加脂剂的组成；分类方法；油脂成分；各个种类加脂剂的特点；组分的构效关系	以小见大、勇于进取、民族自豪感、协作能力、社会公德、责任感	思维导图，翻转课堂，关联对比
第四章 涂饰剂	涂饰的方式与基本质量要求；涂饰剂的分类及发展方向；丙烯酸树脂；PU 树脂；硝化棉光亮剂；蛋白质成膜物；复合树脂	严谨认真、理论联系实际、思辨能力、团结协作、善于利用已有条件、创造精神、精益求精	图片，视频，启发式教学方法，发散思维课堂，小组讨论式研究
第五章 制革助剂	酶制剂；浸水助剂；皮革脱脂剂；浸灰助剂；脱灰剂；浸酸、铬鞣助剂	学以致用、多角度思考问题、敢于质疑与分析、敬业、认真、理论联系实际、创新协作、全局观	社会热点，生活实例，课堂讨论，逻辑推导，理论联系实际

三、教学方法及手段

本课程授课对象是大学三年级的学生，经过了大学一年级、二年级前期高分子化学与物理、有机化学等基础知识的学习，学生能够较好地掌握新课程。另外，皮革化工材料这门课程对学生未来职业发展比较实用，一些规划较早的学生，能够对这门课程显示出比较浓厚的兴趣，对知识的渴求程度比较高。当然，还有部分学生缺乏对自己的人生规划，自制能力比较差。针对学生存在的多种情况，德融课堂的设置需要多种形式和方法。在本次德融课堂中，我们主要采用讨论式教学、翻转课堂、支架式教学方法、BOPPPS 教学法(见图 18-1)、凯洛夫五步法。

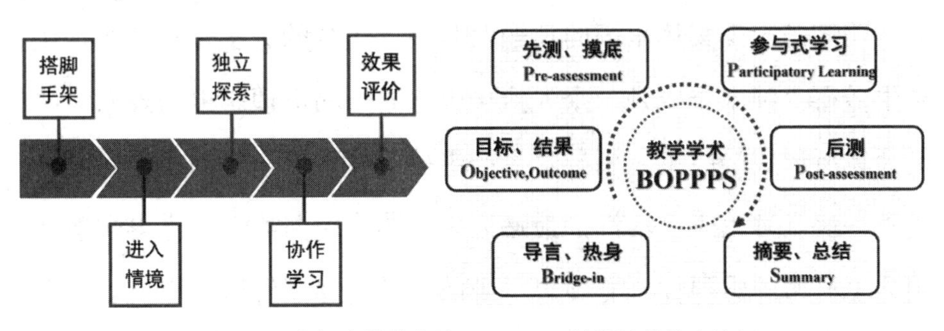

图 18-1　支架式教学方法、BOPPPS 教学法的基本构架

案例 1　表面活性剂

1. 总体教学内容

简述表面活性剂的基本概念，掌握表面活性剂在水溶液中的性质，包括吸附、表面活性、聚集状态、复配规律等。分析表面活性

剂溶解度与温度的关系、表面活性剂的基本作用和品种。另外，需带领学生分析表面活性剂的环境安全性，并且着重从绿色化学的角度对其毒理性质和生物降解性进行分析。

2. 德育切入点

对表面活性剂在水溶液中的性质进行分析和讲解。请学生分析表面活性剂的结构特点及定义，了解这类结构的特征，进而分析多个表面活性剂进行分散、增溶、洗涤去污等结果的产生原理。由此展开团结就是力量、尊重独立个体的存在、推陈出新的发散思维。

3. 德育教学内容

团结是一个集体永恒的话题，对整个团队的进步非常重要。让学生懂得“独木难成舟，众人拾柴火焰高”的道理。根据表面活性剂聚集所形成的胶束，引导学生产生彼此尊重、包容的友爱之心。另外，课堂讨论表面活性剂最贴近生活的应用，让学生懂得合理利用化工材料的重要性，专注思考当前产品的存在价值，也要去分析如何更好地改进这些产品，增强学生作为当代大学生的使命感和责任感。

4. 德融教学过程

(1) 利用自然界现象，引发学生回忆联想，共同思考存在这些现象的原因。鼓励学生多观察、多思考，遇到问题的时候多问一个为什么，培养学生乐于思考的日常习惯。

图片展示实例：荷叶表面水滴的不沾湿、可流动的现象，回忆联想小时候吹的肥皂泡泡(见图 18-2)。

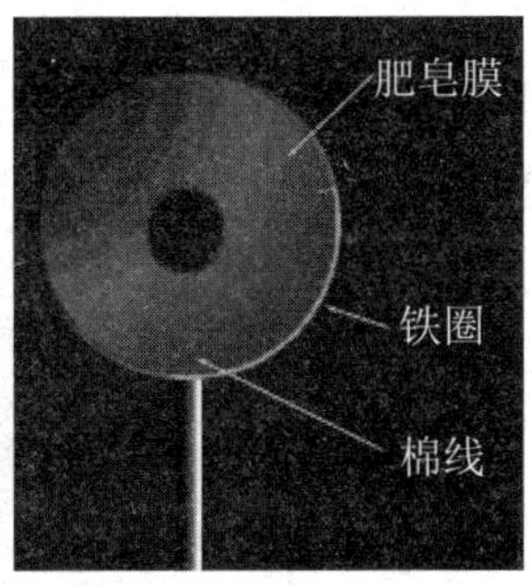

图 18-2　自然界中表面张力的现象

通过这些案例的分析，在学生头脑中“画”一个问号，引出表面、界面、表面张力等概念。以此展开讨论，引发学生思考，生活中还有哪些类似的现象，并且留下作业，让学生针对日常出现的类似现象进行讨论。针对这一知识点，再次强调很多重要的研究成果都是从日常生活中发现的，要敢于质疑与思考，要勇于钻研和深入研究，做生活的探究者。在日常生活中，有许多值得我们去思考的问题，“横看成岭侧成峰，远近高低各不同”，每一个擅长学习的人，都有一双善于发现的眼睛。尽信书则不如无书，要具有发散思维和批判性思维。

(2) 用表面活性剂结构特点、在溶液中聚集形态等现象，引出德育内容，让学生懂得同学情的珍贵，增强学生的合作意识，让学生更加热爱生活。

图片展示实例：单个表面活性剂分子的结构特点，在水溶液中多个表面活性剂分子聚集形态(见图 18-3)。

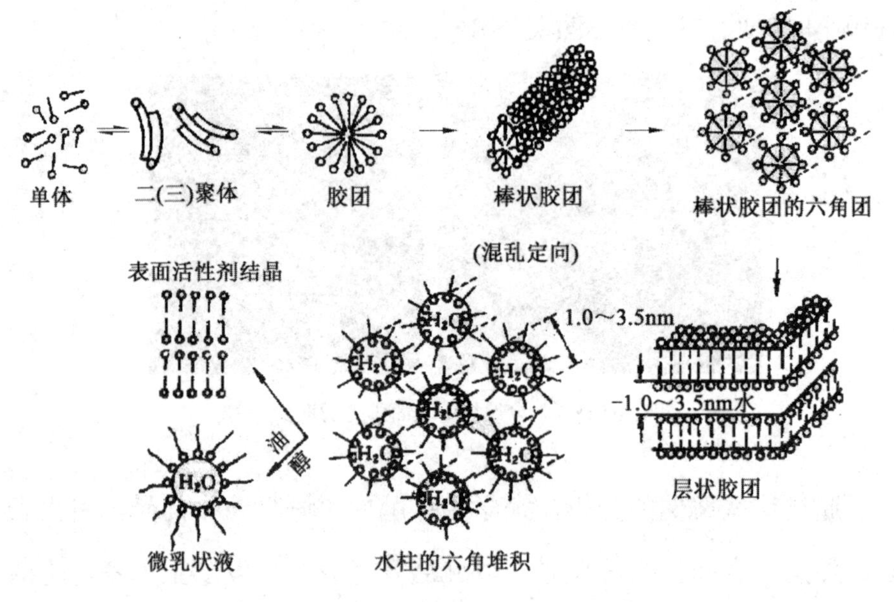

图 18-3 表面活性剂溶液中形成的胶团结构

首先，通过单个表面活性剂分子结构的特殊性，让学生懂得每个个体都是独一无二的存在，尊重每一个个性的存在。学生之间互相包容、互相关爱。分子有其优缺点，我们自己也有优缺点。我们应用产品时要避免其缺点，而学生交往、相处的时候则要正视自己的缺点，宽容他人的缺点，互相谅解，避免校园悲剧事情的发生。

其次，每个小分子在水的表面不能起到很大的作用，但是很多表面活性剂小分子团聚在一起，就能够使水的表面张力在一定程度内显著降低。从中引导学生联想到“单丝不成线，独木不成林”，在集体生活中，要注重团队协作和共同努力，不要因为小事就损害集体利益，影响进步。每一位学生要始终坚持做一个爱祖国、思进取、有担当的当代青年。结合当前全国创新实践的有关成果和我校学生一起努力共同获得的国内外奖项，鼓励学生锐意进取，再创佳绩。

案例 2　皮革加脂剂

1. 总体教学内容

概述皮革加脂剂的发展历程和基本概念、加脂剂的油脂成分、各类加脂剂的情况介绍、加脂剂组分的构效关系及其复合。

2. 德育切入点

根据皮革加脂剂的发展历程分析科学研究的艰辛与坚持，引导学生了解想要做成一件事情，需要不断地努力和钻研。培养当代大学生“不忘初心、牢记使命”的责任感。

3. 德育教学内容

当代大学生作为未来中国的重要力量，肩负着重要的历史和时代使命。当代青年在国家发展的重要阶段，更应该富有责任感和使命感，完成祖国的嘱托和家庭的希望。在生活中，难免会遇到坎坷，但“世上无难事，只怕有心人”，不要害怕困难，更不要为生活所折服，勇于担当和挑战，不断创造更有意义的成果，丰富自己，服务社会。

4. 德融教学过程

引入硫酸化皮革加脂剂的发展过程，根据发展过程中每一步的改进与创新，分析科技进步过程的不易，现在的成果是每一位先行者深入钻研后才有的成就。对整个发展历程进行探究，使学生萌生对老一辈的敬仰之情，以前人为榜样，努力学习，研发出更多更好的科技成果。

图片展示实例：硫酸化加脂剂的发展历程(见图 18-4)。

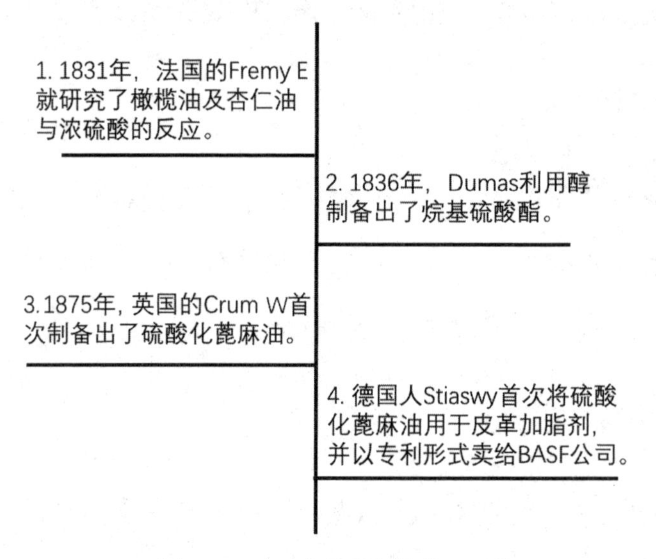

图 18-4 硫酸化加脂剂的发展历程

皮革加脂剂已经有很多年的发展历程了，任何在今天看来很简单的技术都经历过漫长的研发过程，不能一蹴而就。个人的成长也是这样，每一位学生都是从小学、中学、大学，一步步登上知识高峰。现在是学生人生发展的重要阶段，要能够耐得住寂寞，守得住方向，才能更好地完成大学时期的使命。以后步入工作岗位也要不断地磨炼、不断地沉淀，尤其是从事科研工作，要有“板凳要坐十年冷”的毅力，永远不要停止前进的脚步，永远不要被困难打倒，永远不要放弃正确的方向。

四、教学效果

在课程中融入相关的德育内容，结合多种教学方法，在教授教学内容的同时，培养学生个人成长的基本素质，引导学生树立正确的价值观念。首先，德融课堂赋予了僵硬、深奥的专业课趣味性，提高了学生学习的积极性和主动性，课堂活跃度逐渐提升，抬头率明显提高，班级学习气氛日渐浓厚。其次，德融教学对教师提出更高的要求，需要授课老师在理清教学内容的基础上，融入人生经验、德育内容，尝试更多新思路、新方式的教学，促进教学质量的提升和教学内容的丰富，使学生从更多维度上对专业知识进行思考。教师清晰的授课方向，让学生在进行专业课学习的同时，引发对专业内容的深入思考，将专业课和实践生活联系得更加密切。很多学生在课后能够积极投入到实验研究中，在加强理论课学习的同时，能够积极主动地加强实践操作的能力，使综合素质得到提升。总体而言，德融课堂的教学方式，能够让学生更早更明确地规划人生，使班级氛围更加积极、团结，使学生之间团结互助、奋发图强的风气逐渐形成。

制革污染治理

王鑫

一、课程基本情况

“制革污染治理”是轻化工程专业(皮革化学与工程方向)的专业选修课，共 40 学时，2 学分，在大学二年级开设，由理论课(24学时)和实验课(16 学时)两部分组成。

为了服务中国特色社会主义事业“五位一体”总体布局，深入贯彻落实我校创办一流应用研究型大学的指导思想，本课程设定如下教学目标。

(1) 了解制革行业相关的环保法规，掌握制革“三废”的来源、主要处理方法及清洁化制革技术。正确理解经济发展和生态环境保护的关系，牢固树立“保护生态环境就是保护生产力，改善生态环境就是发展生产力”的理念。

(2) 具备根据制革行业环保要求，设计出完整的“三废”治理工艺流程的能力，提出清洁化生产的思路，更加自觉地推动绿色发展、循环发展、低碳发展。

二、德融教学设计及内容

大学阶段是人生建立健全职业知识框架的重要时期，同时也是大学生养成优良道德观念的关键阶段。高校大学生是国家的希望、民族的未来，肩负着实现国家富强、民族复兴、人民幸福的时代重任。德融教学是为共产主义伟大事业培养接班人的重要实践，也是引领青年大学生将个人理想和中国特色社会主义共同理想紧密结合的时代课题。

在“制革污染治理”课程的德融教学中，我们一方面深入挖掘知识点，充分提升学生的专业素养，另一方面结合教学环节中的思政元素，引领学生践行社会主义核心价值观。在具体实施中，我们将网络平台和线下教学相结合；多媒体教学与课堂板书相结合；案例探究和情景启发相结合；专业知识和思政元素相结合；个人职业规划和社会发展相结合；理论学习与实验探究相结合。旨在培养学生自觉运用马克思主义的世界观与方法论，学习掌握科学知识，锤炼过硬本领，并自觉加强思想道德修养，提升自身的精神境界。

本课程的德融设计和内容如表 19-1 所示。

表 19-1　德融教学设计和内容

章节	知识点	思政元素	实现方式
第一章 制革工业与环境； 第二章第三节 环境法规与行业标准	制革“三废”的来源及清洁化生产技术的研究进展	贯彻落实新发展理念，协同推进经济高质量发展与生态环境高水平保护；践行社会主义核心价值观	多媒体教学， 情景启发教学， 多种形式的考核
第二章 制革废水治理及利用	制革废水的处理技术；单工序废水的处理及有用物质回收	透过现象看本质，抓住表面问题背后的根本性运作逻辑	问题探究教学， 讨论式教学
第三章 制革污泥的处理及利用； 第五章 制革废气的治理	制革污泥(废气)的来源及特点；制革污泥的利用途径	培养正确的科学观、价值观、人生观和道德观；强化逻辑思维，认识因果关系的普遍性和客观性	情景启发教学，讨论式教学，多种形式的考核
第四章 制革固体废弃物的治理及利用	制革固体废弃物的来源；准备工段固废、含铬固废的处理及资源化利用	对立统一规律是唯物辩证法最根本的规律，是事物矛盾运动的规律；推动制革行业绿色发展、循环发展	案例探究式教学，情景启发式教学，讨论式教学，多种形式的考核
实验部分 羊毛纤维吸附材料的制备和性能评价	利用制革废弃动物纤维制备水处理材料	理论联系实际，在实践中检验真理；牢记“空谈误国，实干兴邦”	多媒体教学， 案例探究式教学，讨论式教学， 多种形式的考核

三、教学方法及手段

德融教学要做到将思政元素和课程教学有机结合起来，做到“润物细无声”。在开展过程中，德融教学不仅要注重教学设计，还要选择适宜的教学方法及手段，以更好地实现教学目标。本课程主要采取的教学方法如图 19-1 所示。

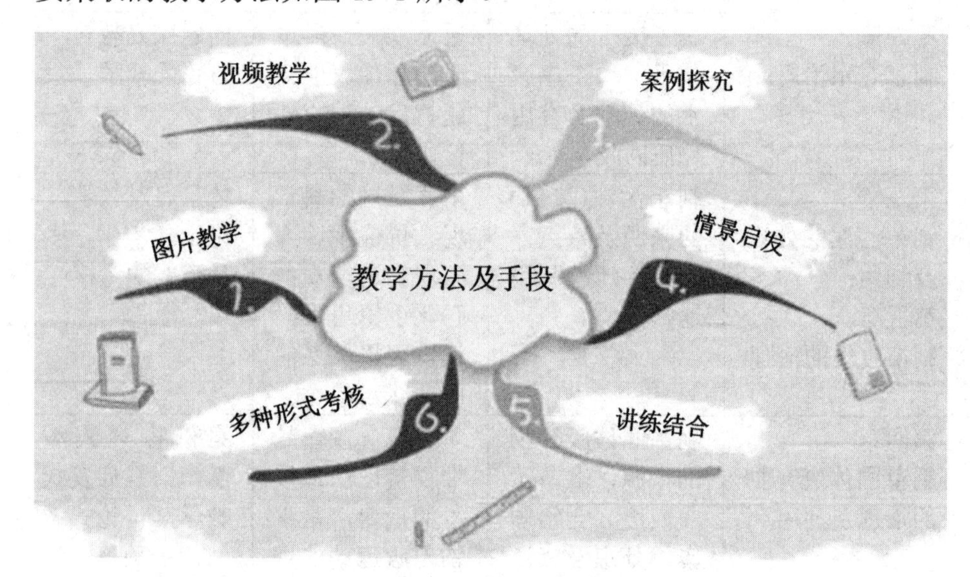

图 19-1 “制革污染治理”德融教学方法及手段

(一) 图片教学

在教学过程中，大量使用图片教学，将制革过程中所存在的环境污染问题更加清晰、直观地向学生呈现。通过解读现代工业大发展趋势，引申到制革工业的发展趋势，让学生充分意识到制革工业必须从传统制造业向先进制造业转型升级。制革工业是我国轻工领域的支柱型产业，与我国国民经济发展息息相关。这就要求我们联系制革行业自身实际，深刻理解马克思主义关于生产力的论述，阐明保护生态环境就是保护制革生产力、改善生态环境就是发展制革生产力的道理。

(二) 视频教学

在教学过程中，使用视频教学方法，将制革工艺的环保问题具象化，有助于学生从源头理解制革“三废”的来源及特点。进一步贯彻新时代背景下的制革行业发展理念，处理好发展与保护的关系，在环境效益、经济效益、社会效益等多重目标中寻求动态平衡，以生态环境高水平保护推动经济高质量发展。在认识学习“制革三废”的来源及特点时，强化学生的逻辑思维，认识因果关系的普遍性和客观性，引导学生思考工艺和污染之间的因果关系，并有针对性地提出解决方案。在学习环境法规与行业标准时，号召学生培育和践行社会主义核心价值观，既要明确行业法律法规，又要培养高尚的职业道德。

(三) 案例探究式教学

通过案例探究式教学，让学生更加深入地理解所学知识点，并能够灵活地加以运用，增加德融教学活动的启迪性和逻辑性。例如，鞣制工艺是制革工业中污染较为严重的环节，通过引领学生调研清洁化鞣制技术的发展，综述前沿的清洁化鞣制技术，尽量减少铬鞣剂的使用量。启发学生从多个方面改善工艺，提高铬的吸收，同时探究如何发展新型非铬鞣剂以取代铬鞣工艺的主流地位。在皮革整饰环节，通过生态整饰技术案例，明确低溶剂型涂饰和水基涂饰的发展方向，关注辐射固化涂饰和粉末涂饰等新兴涂饰技术的应用，引导学生思考如何减弱涂饰工艺对生态环境及涂饰从业者的危害。让学生在案例探究中，深刻理解科学技术是第一生产力，创新是引领发展的第一动力。鼓励广大青年大学生树立远大理想，志存高远、脚踏实地，学好知识，打好基础，把学习的具体目标同民族复兴的宏大目标结合起来，并为之奋斗。只有把小我融入大我，才会有海一样的胸怀、山一样的崇高。

(四) 情景启发式教学

通过情景启发式教学，培养学生的学习兴趣和探索精神。例如，染整工艺是制革工业中的必要环节，因此开发新型的生态染整工艺，尽可能降低染整过程中的环境问题具有广阔的应用前景。带领学生调研生态染整技术的发展概况，总结发展规律，让学生基于调研产生新的问题，促进学生思考，从而更加准确地把握制革工艺革新的方向，达到以景促思的教学效果。使学生明白，在全球新一轮科技革命孕育兴起时期，科技创新、交叉融合正在深刻影响世界发展格局，深刻改变人类生产生活方式。将其他领域的先进技术，如超声波技术、纳米科技、微胶囊技术、超临界溶剂技术、水性涂饰技术等应用于制革工业，推动协同创新的良好发展局面。

(五) 讲练结合

运用讲练结合的授课方法，培养学生学习知识、理解知识、运用知识的综合能力。把传统课堂中“教师讲、学生听”的授课模式变成学生自主获取知识、应用知识的模式，教师更多地发挥指导作用。将学生分成兴趣小组，针对小组特点设定问题或者实验课题，指导小组发现问题、调研文献、提出计划、设计实验的系统解决问题的能力。通过小组内部讨论和教师组织讨论的环节提炼科学问题，并设计解决问题的方案，制订实验计划，开展探究实验。培养学生理论联系实际的能力，在实践中检验真理；牢记“空谈误国，实干兴邦”，锻炼学生埋头苦干、真抓实干的能力，我们才能够实现一个又一个的既定目标，取得一个又一个的丰硕成果。

(六) 多种形式考核

在“制革污染治理”的德融教学(见图 19-2)中，改变传统的作业加考试的评价方法，通过课堂表现、讨论学习、课后作业、期末考试、学生互评等多种形式对学生的学习效果进行检验，培养学生求真务实、科学严谨的学习态度。将学生在学习生活中的过程性评价和期末的总结性评价有机结合起来，兼顾对学生平时学习过程的态度和后期学习成果的总结。让学生在学习过程中，感悟自身获取知识的过程，切身体验唯物辩证法的质量互变规律，揭示事物发展量变和质变的两种状态，以及由于事物内部矛盾所决定的由量变到质变，再到新的量变的发展过程。

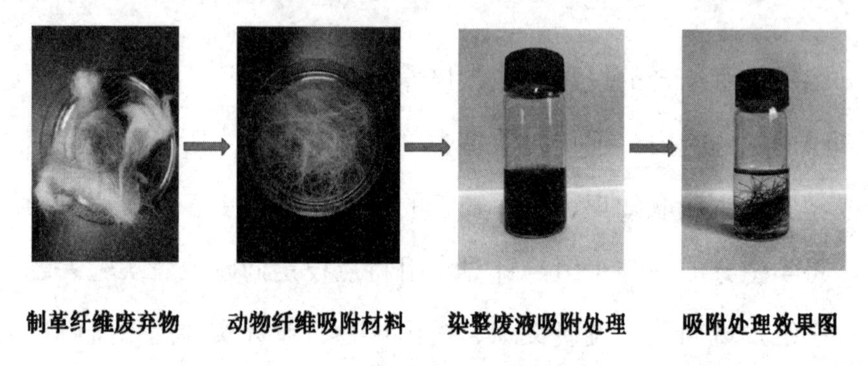

图 19-2 “制革污染治理”德融教学中的实验教学

四、教学效果

通过课程中的德融教学设计和实施,培养学生良好的学习习惯、高效的学习方式、明确的学习目的、端正的学习态度和高尚的思想品德，引导学生认真学习、锤炼自身，并将自己所学知识运用到实践中去，为社会做出贡献。通过德融教学实践，将课程学习中单向的知识输出转向全方位的能力培养和素质提升，将课程学习与人的全面发展相结合，将个人的发展同中国特色社会主义共同理想相结合。

德融教学实践突破了传统的讲授式的教学模式，拉近了教师群体和学生群体之间的距离，教师对教学活动有了新的认识，学生对学习活动的目标得到升华。师生之间的沟通变得更为密切、有效，超过 60%的学生表示希望进一步提高，在学有余力的同时渴望参与到任课教师的科研活动中来。

课程结束后，我们通过多种形式的考核对学生的学习效果进行评价，发现学生对专业知识的理解和掌握变得更加深刻、灵活，对自己的未来职业规划有了更加清晰的认识，学生的学习态度、探索精神、创新意识和协作能力均取得长足进步。本课程的德融教学实践得到学生的一致好评，其普遍认为在学习专业知识的同时，道德情操和人生理想得到升华，语言表达能力、逻辑思维能力和系统解决问题能力均得到锻炼。

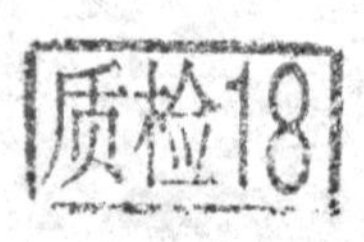
质检18